# MÁS ALLÁ
# DE LA META

# MÁS ALLÁ DE LA META

## 9 ESTRATEGIAS PARA LIDERAR CON ÉXITO Y SUPERAR OBSTÁCULOS EMPRESARIALES

**DR. JAIRO GARCÍA**

*Editorial Misión* publica libros simples y útiles para emprendedores, coaches, conferencistas y dueños de negocio, con la intención de impulsarlos a transformar vidas con su mensaje. Nuestros libros son fáciles de crear y rápidos de leer, diseñados para solucionar un problema en específico. Editorial Misión ofrece un proceso sencillo para permitir que los emprendedores y dueños de negocios se beneficien de la autoridad que proviene de tener un libro, sin la molestia y el compromiso del tiempo normalmente asociado con definir, estructurar, escribir, corregir, editar, diseñar, publicar y promover su obra.

¿Tiene usted la idea de escribir un libro que transforme vidas?
Visite: www.EditorialMision.com para más detalles.

MISIÓN

*A mi hija, mi motor de vida y quien me inspira todos los días, porque el ejemplo arrastra. Quiero que se sienta orgullosa de su papá, que aspire a ser mejor que él y que vea que nada es imposible. Siempre que uno lo desee y trabaje para lograrlo, los sueños se pueden cumplir.*

*A quienes valoren el contenido de este libro y deseen aplicar lo que plasmo en sus páginas.*

*A Dios por todas sus bendiciones y pruebas de que siempre está conmigo y nunca me abandona.*

# LIDERAZGO QUE TRANSFORMA
## Domina los 3 pilares del liderazgo exitoso

Un **verdadero líder** no se mide por su autoridad, sino por su capacidad de **inspirar**, **delegar** y **ejecutar con estrategia**.

En el eBook *Liderazgo que Transforma*, descubrirás cómo fortalecer **la confianza en tu equipo**, **delegar con propósito** y **enfocarte en lo que realmente genera impacto**.

🔥 *Descárgalo hoy con un descuento especial para lectores de este libro* 🔥

www.SoyJairoGarcia.com/ebook

# ÍNDICE

# EL NIÑO QUE QUERÍA SER GRANDE
## UN VISTAZO AL CORAZÓN
## DE ESTA HISTORIA

En un rincón tranquilo y olvidado del estado de Oaxaca, vivía un niño con sueños tan altos como las montañas que rodeaban su humilde casita. Sin juguetes para entretenerse y con una cama tan dura como la piedra, enfrentaba noches muy frías, pero su imaginación se convertía en un refugio cálido que lo envolvía y le daba fuerzas.

A sus seis años, ya sabía que solo trabajando duro podría realizar esos sueños. Mientras los demás niños jugaban y reían a carcajadas, él caminaba por las calles de su pueblo vendiendo totopos y queso. Aunque era muy joven, entendía que cada moneda que ganaba era como un ladrillo para el imperio que soñaba. Aún sin comprender del todo la economía o cómo manejar un negocio, ya visualizaba tener algún día diferentes empresas y ayudar a otros.

En su mundo de sueños, no era solo un niño vendedor, sino que se veía a sí mismo como un empresario, un líder respetado que algún día dejaría atrás la pobreza para alcanzar algo grande. Cada venta no solo calmaba su hambre y la de su familia, sino que también alimentaba su sueño de un futuro donde, con esfuerzo y tenacidad, lograría salir de todas sus carencias.

Desde niño, tenía claro que su vida estaba destinada a algo más grande. En su mente, podía verse de pie frente a personas que lo escuchaban con atención, compartiendo palabras que encendieran esperanza y cambio en sus corazones. Se imaginaba escribiendo libros llenos de enseñanzas y creando un legado para el mundo. Pero, mientras ese futuro llegaba, cada noche cerraba los ojos bajo un techo que apenas lo protegía del frío. Allí, en el silencio, encontraba un propósito que lo empujaba a seguir adelante, un llamado que sentía en el fondo de su corazón, como si la vida le susurrara que todo esfuerzo tendría un sentido mayor.

Este deseo no era simplemente un escape de su realidad; era un compromiso firme que renovaba con cada amanecer. Cada esfuerzo, cada moneda ganada y cada libro leído representaba un paso más hacia esa meta que había dibujado en su corazón, una meta que lo impulsaba a no rendirse nunca.

Marcado por una vida sin lujos, llevaba en el alma el fuego de la esperanza y la certeza de que su destino era algo más grande que él. No era solo el niño que quería ser grande; era el niño que, a pesar de los retos, estaba decidido a convertir sus sueños en realidad. Aunque quizá no lo entendía del todo, tenía un propósito desde temprana edad: sacar a su familia de la pobreza. Y así, entre días de trabajo, noches de estudio y pequeñas victorias que parecían insignificantes, iba moldeando al líder que quería ser.

A los once años, armado solo con una mochila y una firme determinación, le dijo a su madre que quería seguir estudiando más allá de la educación primaria que su pueblo ofrecía. Con el corazón triste pero el espíritu decidido, se aventuró a un lugar desconocido a hora y media de distancia, buscando la educación que su familia no podía costear.

La llegada a ese nuevo lugar fue todo menos un alivio. Las miradas de la gente eran duras, llenas de desconfianza, como si pudieran ver su desesperación. Cada vez que pedía ayuda, recibía un "no" seco o un simple gesto de indiferencia. Cuando el sol comenzó a esconderse, la esperanza de encontrar refugio se desvaneció junto con la luz del día. Caminó por el mercado hasta que sus piernas no pudieron más. Se acurrucó bajo un puesto vacío de frutas y verduras, con el suelo frío robándole el poco calor que le quedaba. El olor a tierra y desperdicios lo envolvía, y las sombras de la noche lo hacían sentir más pequeño de lo que ya era. Cerró los ojos, tratando de ignorar el hambre que le rugía desde dentro. Pero lo que más dolía no era el frío ni el hambre, sino la soledad que lo acompañaba en esa oscura y larga noche.

A los días, la desesperación lo empujó a hacer algo que jamás se borraría de su memoria. Con el estómago vacío y un nudo en la garganta, pasó junto a un puesto de frutas. Ahí estaba: una manzana roja, brillante, casi perfecta, que parecía llamarlo. Su cuerpo estaba débil, y el hambre le hacía sentir como si el suelo se moviera bajo sus pies. Miró a ambos lados, temblando, y al final, con las manos sudorosas y el corazón latiendo a mil, tomó la manzana y salió corriendo. Cada mordida sabía a un poco de alivio y a mucha vergüenza. Se sentó en un rincón escondido, lejos de las miradas, y mientras masticaba despacio, las lágrimas le corrían por las mejillas. No era el sabor dulce de la fruta lo que recordaría por años, sino el peso de la culpa que se le quedó atorado en el pecho. Una lección que, aunque dura, nunca olvidaría.

La fortuna finalmente le sonrió el día que conoció a Angélica e Isidro. No los conocía, pero al escuchar que también eran de su mismo pueblo, Los Limones, sintió un pequeño rayo de esperanza en medio de tanta oscuridad. Ellos lo miraron con ojos comprensivos, algo que no había sentido en esos días. Angélica le preguntó de dónde venía y por qué estaba solo. Con voz temblorosa, el niño les contó su historia, esperando no ser rechazado una vez más. "Claro que puedes quedarte con nosotros", le dijo Angélica, y esas palabras fueron como un bálsamo para su corazón cansado.

Lo llevaron a su pequeña casa, le dieron un rincón para dormir y un plato de comida que devoró con lágrimas en los ojos. A cambio, trabajaría en su puesto de ropa, caminando por las calles para ofrecerla. Aunque no le pagaban dinero, él aceptó con gratitud, sabiendo que este era un nuevo comienzo para seguir sus estudios. Ese hogar modesto, sin ser perfecto, le dio algo muy importante: esperanza.

A medida que pasaban los años, entre días interminables de trabajo y noches en vela dedicadas al estudio, el joven comenzó a comprender algo que cambiaría su vida para siempre: liderar no era lo mismo que mandar. Había visto demasiados ejemplos de personas que creían que el poder estaba en dar órdenes y exigir obediencia a cualquier costo. Pero él, con todo lo que había vivido, descubrió algo mucho más profundo. Entendió que el verdadero liderazgo no se imponía, se ganaba; no nacía de palabras duras, sino de actos que inspiraran a los demás a dar lo mejor de sí mismos.

El frío de las noches de su infancia, las veces que se quedó con el estómago vacío y las caminatas con los pies descalzos no lo llenaron de amargura, sino de empatía. Recordaba cómo, en los momentos más oscuros, un gesto de bondad podía iluminar todo. Esas vivencias no solo lo marcaron, sino que definieron su propósito: ser un líder que cambiara vidas, que construyera algo más grande que él mismo.

Cada dificultad que enfrentó le dejó una lección invaluable; cada caída lo enseñó a levantarse con más fuerza, y cada puerta cerrada fue un empujón para encontrar un camino mejor. Esos momentos difíciles lo moldearon, como el fuego templa al acero. Sabía que sus cicatrices eran su historia, un recordatorio de que, incluso en los peores momentos, siempre había algo que aprender, algo que ganar, algo que construir.

Él no quería simplemente liderar; quería marcar la diferencia en las vidas de quienes lo rodeaban. Su propósito no era solo alcanzar metas personales, sino crear un camino donde otros también pudieran triunfar. Con cada paso que daba y con cada acción que emprendía, demostraba que el verdadero liderazgo no se trataba de estar por encima de los demás, sino de caminar junto a ellos, entendiendo su dolor, compartiendo su lucha y ayudándolos a encontrar su propia grandeza.

Cada paso lo acercaba a su objetivo y propósito. Sabía que su pasado no lo definía, pero le proporcionaba las herramientas necesarias para convertirse en el líder que siempre había soñado ser; un líder que no solo buscaba su propio éxito, sino también transformar otras vidas en el proceso.

El niño de esta historia, que superó el frío, el hambre y la soledad, y que soñaba bajo un cielo estrellado con ser más que un simple vendedor en las calles de un pueblo, es Jairo García, el autor de este libro. Hoy, como un líder empresarial exitoso y figura influyente en el mundo del emprendimiento, lleva en su corazón la misma determinación y espíritu de aquel niño que salió de su pueblo decidido a cambiar el mundo.

En *Más allá de la meta*, encontrarás un testimonio de su trayectoria y experiencia; una invitación a caminar junto a él en cada una de estas páginas para descubrir cómo los desafíos pueden forjar líderes excepcionales. Al leer su mensaje, aprenderás no solo sobre negocios, sino también sobre la resiliencia y determinación que definen a los verdaderos líderes, maestros que enseñan la importancia de superar adversidades desde la juventud.

LA EDITORIAL

Creo que la vida se hace de historias diarias, historias cotidianas. ¿Cuántas veces has pensado en dejarlo todo y abrir tu propio negocio? ¿Cuántas noches has soñado con la libertad financiera, con no tener un jefe, con ser tu propio líder? Pero luego aparece el miedo, esa voz que te dice: "¿Y si fracasas? ¿Y si no vendes? ¿Cómo vas a mantener a tu familia?". Esa es la realidad que enfrentamos todos los que soñamos con emprender: la incertidumbre y el miedo a quedarnos sin nada.

Este libro está escrito para personas como tú, que han sentido el peso de esas preguntas. No estás solo. Muchos emprendedores inician con entusiasmo, pero rápidamente se encuentran perdidos, sin dirección y sin los resultados que esperaban. La falta de liderazgo, la mala administración y el miedo son los enemigos silenciosos que frenan el éxito. Pero aquí, en estas páginas, encontrarás la solución que necesitas para cambiar esa realidad.

Mi nombre es Jairo García, y como tú, también he estado ahí. He recorrido el camino del emprendedor desde cero, desde no saber por dónde empezar hasta tener varios negocios exitosos. No nací siendo un experto, ni con todas las respuestas, pero he aprendido a lo largo de los años, cometiendo errores, superando fracasos y, sobre todo, liderando con el corazón y la cabeza.

En este libro, no encontrarás fórmulas mágicas, pero sí estrategias probadas y efectivas para ser un líder fuerte y seguro, capaz de sacar adelante tu negocio. Aquí no se trata solo de ganar dinero; se trata de crear algo con propósito, algo que aporte valor a tu vida y a la de los demás. Mi enfoque es diferente porque no se basa en teorías de liderazgo complicadas, sino en la experiencia real de alguien que ha vivido y superado los mismos desafíos que tú enfrentas.

He ayudado a cientos de emprendedores a transformar su mentalidad y a tomar el control de sus negocios. Mis propias empresas son prueba de que estas estrategias funcionan. Pasé de tener un pequeño equipo a liderar a más de 500 personas en diversas industrias, desde servicios de limpieza hasta fábrica de productos biodegradables. Todo esto lo he logrado siguiendo los principios de liderazgo que compartiré contigo en este libro. No hablo solo desde la teoría, sino desde la experiencia real y los resultados tangibles.

Ahora, cuando hablamos de liderar y empoderar, muchas veces parece que son lo mismo, pero son dos fuerzas distintas que, cuando se combinan, pueden revolucionar cualquier negocio.

El liderazgo es la base; es como los cimientos de un edificio. Sin una base sólida, todo se desmorona. El liderazgo se trata de guiar, inspirar y motivar. Es saber hacia dónde vas y transmitir esa dirección a tu equipo, como un capitán que lleva su barco a buen puerto, sin importar las tormentas.

Ser líder no es solo tomar decisiones o dar órdenes; es influir, es ser esa figura que inspira confianza y respeto. Es construir una cultura donde cada persona se sienta parte de algo más grande, donde todos aportan y dan lo mejor de sí mismos porque entienden y creen en la visión del negocio. Un líder no solo dirige, sino que impulsa a cada miembro de su equipo a alcanzar su máximo potencial.

Por otro lado, el empoderamiento empresarial se trata de darles a esos colaboradores las herramientas y la confianza para tomar el control de su trabajo. Es como darle al equipo no solo un mapa, sino también la libertad de elegir el mejor camino para llegar al destino. Es permitirles que asuman responsabilidades y que también sientan que su papel es crucial para el éxito de la empresa. No se trata de quitarte trabajo de encima, sino de crear un ambiente donde cada persona pueda brillar y aportar desde su lugar, desde su puesto.

Entonces, ¿cuál es la diferencia clave? **Liderar es guiar e influir; empoderar es dar el control y la responsabilidad.** Un buen líder sabe que no todo se trata de él; se trata de que su equipo también crezca, tome decisiones y sienta que su voz cuenta. Es como un entrenador de fútbol: dirige el partido desde la línea, pero confía en sus jugadores para que ejecuten en el campo.

Un líder que empodera no solo dirige, sino que multiplica su impacto. Se trata de crear un entorno donde todos, desde el líder hasta el último empleado, trabajen con la misma pasión y compromiso por el crecimiento y el éxito mutuo. Y eso, querido lector, es lo que marca la diferencia en cualquier negocio.

Te lo digo con toda certeza: si aplicas lo que vas a aprender aquí, no solo transformarás tu negocio, sino también tu vida. Vas a descubrir cómo liderar desde la influencia y el ejemplo, y cómo empoderar a tu equipo para que cada uno saque lo mejor de sí mismo. Aprenderás a administrar tus recursos con inteligencia, a rodearte de gente que te complemente y te impulse, y a ver cada obstáculo no como un freno, sino como una oportunidad para crecer y mejorar.

No importa si hoy te sientes perdido, si tu negocio no está dando los resultados que esperabas, o si te sientes solo en esta lucha. Aquí encontrarás las herramientas que te permitirán retomar el control, fortalecer tu liderazgo y hacer que tu negocio llegue a donde siempre has soñado. El secreto está en no rendirte, en seguir aprendiendo, y en convertirte en el líder que guía y empodera, que adapta y resiste, sin importar las circunstancias.

Este libro no es solo una guía práctica; es un llamado a que tomes las riendas de tu vida y de tu empresa. Es momento de dejar atrás los miedos, de superar las dudas y de liderar con la firmeza y la determinación que tu negocio necesita. Si sigues las estrategias que te revelo aquí, te convertirás en el líder capaz de inspirar, en el empresario capaz de empoderar, y en la persona que siempre supiste que podías ser.

No te detengas. Cada página es un paso más hacia ese futuro que deseas. Es en este momento que empieza tu verdadero cambio.

¡Vamos juntos a conseguirlo!

# CAPÍTULO 1

# DIFERENCIA ENTRE JEFE Y LÍDER

Comúnmente comparan dos palabras: jefe y líder, autoridad y liderazgo. Existen numerosos ejemplos de jefes autoritarios; jefes que intimidan, amenazan y advierten que, si no cumples, te despedirán. Jefes que truenan los dedos, que te echan la culpa de sus errores solo porque eres subordinado. Siempre dije: yo no quiero ser así.

Sin embargo, ser líder es guiar, enseñar y encaminar a la persona que te sigue. Es hacer que te sigan y que las personas hagan las cosas sin miedo, sino por la pasión de hacerlo, seguros de que lo que les pides es para el bien común. A veces, la línea entre pedir y mandar es muy delgada. Si hablas bien, piensan que eres su amigo y lo harán cuando quieran. Si gritas, piensan que eres malo y lo harán como ellos quieran.

El punto de equilibrio es decirles: no tenemos opción de no hacerlo, lo tenemos que hacer y a la primera. Nuestros clientes no están a prueba de error. Debemos entregar un servicio y resultados de calidad. Ser líder nació a través de mi gente, de los resultados y de vivir el estrés y los problemas. Aprendí que no puedo hacer todo; dependo de un contador, un abogado, un administrador, un ingeniero, un químico, un enfermero, un doctor. Dependo de mucha gente que es el complemento para que todo funcione correctamente.

## Como persona desechable

Yo tuve varios empleos, cuatro o cinco, y en cada uno aprendí algo, a veces de buena manera y otras a la mala. Pero hubo un empleo en particular donde estuve once o doce años trabajando, y mis jefes fueron tres o cuatro gerentes que fueron rotando. Hubo uno en especial que no solo me trataba mal a mí, sino a todos los subordinados. Nos veía como personas desechables. Si alguien no le servía, simplemente lo cambiaba por el siguiente.

Afortunadamente para mí, era el mejor empleo que había tenido, porque era donde mejor me pagaban y estaba en mi área profesional, en Tecnología y Sistemas. Me exigía y me desafiaba tanto personal como profesionalmente, así que tenía miedo de perder ese trabajo. Si esa persona me decía a las 10 de la noche que fuera porque su computadora no encendía, yo dejaba a mi familia y me iba, por miedo a perder el empleo. Si decía que era mi culpa que su computadora no funcionaba, aunque él no supiera ni encenderla, yo asumía la culpa. Si me pedía que instalara la sala de juntas y eran las 8:59 de la mañana, ahí estaba corriendo, porque él era el jefe y tenía el rango más alto en el organigrama. Temblaba cada vez que sonaba el teléfono de la oficina y veía su nombre en la pantalla.

En lugar de respeto, le empecé a tener miedo. Pero ahora me doy cuenta de que no le tenía miedo a él; le tenía miedo a perder mi trabajo. Tenía miedo de perder esa comodidad y ese puesto envidiado por muchos, en una empresa internacional, "bien pagada", que constantemente te capacitaba y te retaba. Él se valía de su puesto, porque los conocimientos no los tenía y cuando sus superiores le exigían resultados que no podía dar, se desquitaba con nosotros. Si la computadora fallaba, era culpa mía; si no encendía, también era culpa mía.

Él entraba a las 7 de la mañana y yo a las 9, pero yo llegaba a las 6:30 para asegurarme de que su computadora encendiera todos los días. Si no, venían los regaños, ofensivos y abrasivos, que de verdad calaban. Aún lo veo, me lo sigo topando, porque somos de la misma zona, y me doy cuenta que mi miedo era perder mi trabajo, el trabajo con el que mantenía a mi familia. Pensaba que no conseguiría otro igual, así que tenía que aguantar. Afortunadamente, salí por la puerta grande de esa empresa y me fui a formar la mía.

Ahora que estoy del otro lado, liderando mi propia empresa, me han surgido mis propios desafíos. Te contaré sobre una situación en la que cometí un error como líder.

## Ser jefe no es ser líder

Una vez, los resultados no estaban listos y la información no se había completado. Eran las 7 de la noche y la hora de salida era a las 6 p. m. Tenía una reunión y le dije a una de mis colaboradoras: "No te vas de aquí hasta que esa información quede terminada".

Ella no me dijo nada y envió la información hasta que terminó, en la madrugada. Al día siguiente no llegó a trabajar, y me enteré de que su abuela había muerto la noche anterior. No pudo verla ni despedirse porque se quedó trabajando. Eso me dolió mucho y todavía lo llevo conmigo. Pedí disculpas mil veces, pero no fue suficiente. Solo por decirle "No te vas hasta que termines", ella no pudo decirme que su abuela estaba en sus últimos momentos y que quería verla, quizás por miedo a mí o a perder su trabajo.

Cuando me enteré de lo que había pasado, me acordé de aquel jefe que me imponía miedo, y me di cuenta de que yo estaba haciendo lo mismo. Al final, la información que necesitaba no llegó a la una de la mañana, sino hasta el día siguiente. Todo fue por decir: "Yo mando, soy el jefe, y te vas hasta que la información salga".

En su libro *Los líderes comen al final: Por qué algunos equipos funcionan bien y otros no*, Simon Sinek explica que el verdadero liderazgo implica preocuparse genuinamente por el bienestar de quienes trabajan a tu lado. No se trata solo de obtener resultados, sino de crear un ambiente donde cada persona se sienta segura y valorada. Sinek resalta que los mejores líderes, los que generan lealtad y respeto, son aquellos que están dispuestos a sacrificar su comodidad personal por el bien de su equipo, en lugar de lo contrario.

Ahora, ¿cuáles fueron las consecuencias de esa situación en la organización, en mi negocio? Primero que nada, aprendí mucho de esa experiencia, desafortunadamente a costa del sufrimiento de alguien. Aprendí bastante y jamás lo volveré a hacer. La información puede sentirse urgente, pero ya no es como antes. Ahora me involucro; no digo: "Tú lo haces y tú lo mandas". Pregunto: "¿Cómo le hacemos?". Si me dicen: "Necesito irme porque mi hijo está enfermo", les digo: "Adelante, pero mañana aquí a las seis de la mañana, ¿está bien?". Y nos vemos a las seis.

Tengo que exigir, sí, tengo que ordenar, porque no todo es enseñar y pedir amablemente. A veces tenemos que ser un poco rígidos y hacer entender a la gente que la información debe enviarse cuando se promete. Pero ya no volveré a decir: "Te quedas hasta que lo termines", y si fuese el caso, nos quedamos hasta que lo terminemos; me involucro.

Cuando pasó esa situación, lo dije con autoridad, y sabía que no pasaba nada si lo terminaba al día siguiente. Pero mi actitud fue de "Yo mando, yo ordeno, te pedí la información para tal hora y ahora te quedas hasta que termines". Al otro día, no tuve cara para verla en el sepelio de su abuela. Cuando regresó al trabajo, le dije que lo sentía mucho, que no sabía la situación y que me arrepentía. Le pedí disculpas y le aseguré que no lo volvería a hacer con nadie más.

Ella me dijo: "No se preocupe, ingeniero. Yo también pude haberle dicho que mi abuela estaba mal y eso me distrajo, por eso no terminé la información que me pidió. También fue mi culpa porque no hablé". Eso me alivió un poco, pero no dejó de dolerme. Aprendí que tengo que ser empático y ponerme en los zapatos de los demás.

Desde entonces, hablo mucho con ellos, les pregunto si les gusta su trabajo, si se sienten presionados o estresados. A veces me dicen que no están de acuerdo con lo que ganan. Les digo que lo que ganan es justo, pero si no lo creen, lo platicamos. Les pregunto: "Si hoy te vas de la compañía, ¿mañana encontrarías un trabajo que te pague mejor?". Usualmente la respuesta es no, y entonces discutimos por qué su salario es adecuado para la zona. A partir de ahí, comienzan a expresar sus inquietudes y es parte del desahogo. Es importante hablar, hablar, hablar con ellos y ser muy empáticos.

En este capítulo, hemos visto lo que realmente significa liderar desde la empatía y la comprensión.

Aprendí, a veces con dolor, que ser líder no se trata solo de dirigir, sino de entender las historias y realidades de quienes te rodean. Estas lecciones no siempre son fáciles, y en cada paso he descubierto cuán crucial es tener a las personas adecuadas y una visión firme. Pero la historia no termina aquí. Ahora, quiero llevarte aún más adentro, a esos momentos en los que una sola decisión puede definir el destino de un negocio y la vida de quienes dependen de él. ¿Estás listo para conocer la experiencia que me mostró cuánto puede cambiar una empresa con un solo error?

# CAPÍTULO 2

# EL DÍA EN QUE CASI PIERDO TODO

Una vez, tomé una decisión que pensé era la correcta, pero terminó costándole mucho dinero a mi compañía y tuvo consecuencias serias.

Cuando empezamos el negocio, no queríamos pagar por un agente de limpieza; creíamos que podíamos hacerlo nosotros. Tampoco quise pagar a un contador experimentado porque era caro, así que contraté a uno que cobraba $400 pesos al mes, unos $20 dólares.

Eso me pasó a mí. Comenzamos a facturar y a vender servicios, pero el contador que contraté no tenía experiencia. No lo hizo con mala intención, simplemente no sabía lo suficiente.

Él me preguntaba: "Oye, Jairo, ¿cómo le hacemos con este impuesto? ¿Lo pagamos?". Yo respondía: "No hay dinero, luego lo pagamos". Él hacía lo que podía con la poca experiencia que tenía. Yo tampoco tenía el conocimiento ni la asesoría adecuada, y un día me llegó una notificación del SAT.

Me hicieron una revisión fiscal y enfrenté una situación muy difícil por errores en la gestión de impuestos. Me di cuenta de que estaba en un riesgo enorme, al borde de enfrentar la cárcel por esos descuidos.

Cuando llegó la notificación del SAT, había que presentar muchos documentos, comprobar ingresos y facturas. Empezamos el proceso y tuvimos entrevistas con el área de finanzas del gobierno. Investigaron el caso y cada vez encontraban más cosas: "Te depositaste tanto en efectivo. Sacaste tanto en efectivo. Pagaste aquí y no hay comprobante. Recibiste este depósito y no hay comprobante".

En mi libro *Cómo empezar un negocio desde cero* hablo de cómo inicié así, pidiendo préstamos a quien se me cruzara. La gente que confió en mí me daba cincuenta mil, cien mil, doscientos mil, quinientos mil pesos, y yo los depositaba en efectivo o como me los dieran. No tenía educación financiera; nadie me dijo que eso no debía hacerse. Pero para la autoridad fiscal, eso es un delito.

Cuando llegó el citatorio, presentamos todas las pruebas y salió el dictamen: era evasión de impuestos, un delito muy, muy delicado. Busqué ayuda y alguien de la Secretaría de Finanzas me recomendó a dos personas, un ingeniero y un contador. Ellos me dijeron: "Tu tema no fue con dolo, fue por omisión; omitiste declarar porque no sabías. Pero la ignorancia también puede llevarte a la cárcel".

Lo que había construido en dos o tres años estaba a punto de perderlo. Las cuentas se cancelarían, la empresa caería, y los clientes quedarían sin servicios. La casa estaba hipotecada y mi hija estaba en el hospital. Se me vino el mundo encima.

Mi mente se llenó de miedo y desesperación. Pensé en todo lo que podía perder: mi casa, mi trabajo, mi familia. Sentía un nudo en la garganta y un peso en el pecho. No sabía qué hacer, solo veía oscuridad. Me preguntaba: ¿Qué va a ser de mi familia si caigo en la cárcel? No podía soportar la idea de verlos sufrir, de que mi hija creciera sin su padre o que mi esposa tuviera que enfrentar todo sola. No es que no quisiera enfrentar las consecuencias, pero el miedo a perderlo todo y a ver a los míos en la calle me ahogaba.

No era que buscara escapar de mis responsabilidades, sino que el pánico me hacía pensar en cualquier salida para proteger a mi familia, para no dejarlos desamparados. La idea de la cárcel me asfixiaba, no por mí, sino por ellos. Lo único que quería era encontrar una solución y no dejarlos solos en medio de esta pesadilla. Fueron meses enteros sin dormir, meses de angustia y de no saber qué hacer.

Sin embargo, estas dos personas empezaron a guiarme, mostrándome los panoramas y escenarios posibles. El peor escenario era prácticamente morirme y que presentaran mi acta de defunción. Llegaron los pensamientos de cambiar de nombre, de residencia, de irse del país. Querido lector, yo no tenía para pagar veintisiete millones de pesos.

Dije: "No, debe haber una solución". Las personas que me ayudaron me dijeron que iríamos comprobando todo. Me preguntaron si las personas que me prestaron dinero estarían dispuestas a declarar. Yo creía que sí, porque eran personas de bien con ingresos comprobables. Así que empezaron. En la investigación, preguntaban: "¿Le prestaste cien mil pesos? ¿Cómo obtuviste esos ingresos?". Unos respondían: "Sí, soy médico". Otros: "¿Le prestaste quinientos mil pesos?" "Sí, vendí sorgo, trigo, mi cosecha, y le presté en efectivo".

Así fuimos armando todo el expediente. Terminamos pagando, sí. Les pagué honorarios a ellos, pero pude continuar, gracias a Dios. Mis clientes siguieron con el servicio, pude mantener la empresa y, lo más importante, a mi familia.

Tardamos año y medio en aclarar todo. Pero al final aprendí que, por muy experimentado que sea en otras áreas, no puedo llevar toda la compañía yo solo. Ahí fue cuando aprendí a delegar.

Formé un departamento de recursos humanos, contabilidad, jurídico, operativo, y de compras.

Entendí la importancia de cada departamento en la organización.

Desde entonces, tomo decisiones desde arriba, pero siempre asesorado por mis especialistas: mis abogados, mis contadores, y todos los que forman parte del equipo. Aprendí mucho de esa experiencia, y sigo aprendiendo cada día.

## Cuando todo se viene abajo, encuentra tu motor

Tengo una particularidad: soy muy aprensivo con mis problemas. Mis problemas son míos, pero, aunque es difícil dejarlos en el trabajo, es casi imposible no llevármelos a casa. Me estaba consumiendo el estrés, no dormía, no comía, dejé de hacer ejercicio y mi salud se desplomó. Mi glucosa se disparó a niveles alarmantes. Vivía en un estado de alerta constante.

En medio de ese caos emocional, me di cuenta de que mi hija era mi verdadero motor. No podía permitir que algún día dijera: "Mi papá está en la cárcel". Al ver a los niños vendiendo chicles en las calles, me decía a mí mismo: "No puedo dejar que mi hija termine así". Ella se convirtió en mi razón para ser fuerte, para encontrar la resiliencia incluso cuando parecía no tenerla. Es mi todo. La idea de verla sufrir a ella y a mi familia era insostenible.

En ese torbellino, me enfrentaba a la injusticia. "No estoy haciendo nada malo", me repetía. Mientras los delincuentes caminaban libres y contentos, a mí, por intentar sacar adelante a mi familia con un negocio, me querían encerrar. Eso era algo que no podía ni quería aceptar.

Fueron muchas las personas que me tendieron la mano. Pero, ¿saben? Mi verdadera motivación siempre fue mi hija.

Superar ese bache me enseñó que enfrentar problemas inmediatos no es suficiente; el verdadero cambio surge cuando decides trascender la figura del jefe autoritario para convertirte en un líder que motiva e inspira. Esta adversidad me transformó y me mostró una nueva forma de liderar. Comprendí que para construir algo duradero y significativo, no basta con poseer un título o un cargo.

En el libro *Liderar con el Corazón*, Daniel Goleman expone con maestría cómo el verdadero liderazgo va más allá del conocimiento técnico o de la autoridad formal; se trata de conectar emocionalmente con tu equipo, de entender sus miedos y aspiraciones y de guiarlos hacia un propósito común que trascienda los objetivos cotidianos. Esta obra fue una luz en momentos de oscuridad y me ayudó a redefinir mi enfoque hacia un liderazgo más humano y empático.

Hay una profundidad en el liderazgo **que puede transformar** no solo a tu equipo, sino también a ti mismo. Pero este camino no es fácil. Requiere coraje para mirar más allá de los problemas del día a día y encontrar el motor que te impulse a seguir adelante. Para mí, ese motor es mi hija, que con su simple existencia me recuerda la importancia de luchar por algo mayor.

Salir de aquel problema fiscal, tan serio en mi vida, me hizo entender que no solo se trata de resolver problemas inmediatos; el verdadero cambio viene cuando decides ser más que un jefe que da órdenes y te conviertes en **un guía que inspira.** Superar esa experiencia me enseñó a ver el liderazgo de una manera completamente nueva. Entendí que, para construir algo duradero, no basta con tener un título o un puesto. Hay algo más profundo, algo que puede transformar no solo a tu equipo, sino también a ti mismo.

Así que, querido lector, te pregunto: ¿estás listo para descubrir lo que verdaderamente significa ser un líder? En el siguiente capítulo vamos a ver algo que transformará no solo tu manera de hacer negocios, sino también tu vida...

# CAPÍTULO 3
# APRENDIENDO A SER LÍDER

Creo que empecé a considerarme un buen líder cuando comencé a ponerme en los zapatos de mi gente, de mis colaboradores. Con esta situación no salí solo, querido lector. Sin mi equipo, no hubiera salido adelante. Dieron lo mejor de sí y trabajaron día y noche.

Muchas veces criticamos y condenamos los errores de las personas, pero pocas veces alabamos sus aciertos. He tenido muchos aciertos gracias a ellos. Si nos va mal, me regañan a mí y me quitan el contrato a mí, pero si nos va bien, me felicitan a mí.

Cuando inicié mi camino como líder, pensé que solo bastaba con tener una buena idea y ejecutarla, pero me equivoqué. Liderar va más allá de dar órdenes; es saber guiar, motivar y, sobre todo, apoyar a tu gente en los momentos difíciles. Uno de los momentos más reveladores para mí fue cuando empecé a notar que mi equipo no trabajaba solo por el dinero, sino por algo más profundo: trabajan por su familia, porque quieren sentirse realizados, porque quieren aportar a su casa. El 60% de mis colaboradores son mujeres. Trabajan para llevar un ingreso a su hogar, para apoyar al ingreso familiar. Trabajan porque tienen sueños, porque acaban de salir de la universidad y quieren aprender, porque no los contrataron en otra empresa, o porque tienen cincuenta años y yo les doy la oportunidad.

Cuando entendí eso, supe que tenía que cambiar. Debo agradecer que tengo este equipo, aunque no sea perfecto. Entendí que no existe un equipo perfecto. Hay días buenos y días malos, y eso es parte de nuestra naturaleza como seres humanos.

Hoy se puede ir a dormir contento y mañana despertar de mal humor, y ese mal humor a veces se descarga con todos alrededor. Es parte de nuestra naturaleza y tenemos que entenderlo. Yo les digo: si me ven estresado o molesto, traten de no hablarme; se me va a pasar.

Puedo tener problemas con los clientes, con mi familia, con los amigos, o sentirme mal de salud. Pero cuando empecé a ponerme en sus zapatos, entendí que ellos hacen todo el esfuerzo por dar resultados. Empecé a preguntar: ¿puedes?, ¿no puedes? Dime, yo te enseño cómo hacerlo, y si no podemos, buscamos a alguien que lo haga o que nos enseñe. Así aprendemos los dos. Desde entonces, todo empezó a caminar y a crecer, y cada año, querido lector, ¡crecemos el 200 por ciento!

Esto se refleja en instalaciones, equipos de cómputo, muebles, nómina y facturación. Mi gente está ahí respaldándome. A veces tengo gente trabajando un sábado a las 8 de la noche, y ellos siguen, aunque llueva o truene.

Claro que hay casos de tensión. Una vez, recibí una llamada de uno de mis coordinadores, alguien a quien había nombrado solo unos quince días atrás. Me pidió sus 12 días de vacaciones que había planeado para el mes siguiente. Le dije que no podía darle los 12 días, solo seis, pero le dije que si se iba, yo tendría que poner a alguien más en su lugar y él perdería su puesto de coordinador. Le expliqué que no podía arriesgar la operación. Me entendió y decidió irse en mayo del siguiente año. Llegamos a un acuerdo sin resentimientos.

Este es el punto en el que, como líder, he aprendido a encontrar un equilibrio con mi equipo.

Para aprender a ser líder, hay que estar dispuesto a escuchar las necesidades del equipo y entender que detrás de cada persona hay una historia, un esfuerzo y un motivo para seguir adelante. Como dice Stephen R. Covey en *Los 7 hábitos de la gente altamente efectiva*, cuando escuchamos primero y con verdadera empatía, creamos una atmósfera de respeto donde cada uno se siente valorado. Esta práctica no solo fortalece las relaciones, sino que aumenta la efectividad del equipo al crear una confianza genuina.

Uno de los grandes errores que cometemos como líderes es olvidar que, aunque dirigimos el barco, no somos los únicos remando. La gente que trabaja contigo lo hace porque confía en tu visión, pero también porque tienen sus propios sueños y esperanzas. Como líder, es fácil caer en la trampa de pensar que todo el peso recae sobre tus hombros, pero no es así. Cuando te das cuenta de que tu equipo está ahí, hombro a hombro, sacando adelante los proyectos, te das cuenta de la responsabilidad que tienes para con ellos.

Un buen líder sabe cuándo empujar y cuándo soltar, cuándo exigir y cuándo comprender. Aprendí que no todos los días son buenos y que, a veces, el mejor liderazgo es el que se ejerce en silencio, con un gesto, con una palabra de aliento, o simplemente estando ahí cuando tu equipo más te necesita. Hay días en los que todo sale mal, en los que parece que el mundo se viene abajo, y es en esos momentos donde un líder de verdad demuestra su valor.

Aprender a ser líder es aprender a reconocer tus propios errores y trabajar en ellos. No se trata de ser perfecto, sino de ser auténtico, de mostrar que, aunque seas el jefe, también eres humano y puedes equivocarte. Cuando eres honesto y reconoces tus fallas, tu equipo lo nota y te respeta aún más. Liderar no es estar por encima de los demás, es estar al lado, apoyando y guiando.

Un líder también debe saber escuchar, y no solo las palabras, sino lo que hay detrás de ellas. Muchas veces, los problemas no se dicen directamente; se intuyen, se sienten en el ambiente, y es tarea del líder estar atento. No es suficiente con pasar lista y pedir resultados; hay que involucrarse, preguntar, y mostrar interés genuino por el bienestar de los que te rodean.

La verdad es que el liderazgo se construye día a día, con acciones pequeñas que suman y que crean confianza. Si algo he aprendido en mi carrera es que, para ser un buen líder, debes estar dispuesto a servir, a apoyar y a ser un ejemplo de lo que esperas de los demás. No se trata de exigir lo que tú no puedes dar; se trata de ser el primero en mostrar el camino.

Como líderes, nuestro mayor reto es aprender a equilibrar nuestras expectativas con las realidades de nuestro equipo. No siempre todo saldrá como esperamos, y eso está bien. Lo importante es seguir adelante, aprender de los errores y mejorar cada día. Porque un buen líder no se define por los títulos o las posiciones, sino por la capacidad de inspirar, de conectar y de sacar lo mejor de cada persona a su alrededor.

Querido lector, el camino del liderazgo no es fácil, pero es gratificante. No se trata solo de alcanzar el éxito personal, sino de crear un entorno donde todos puedan crecer. Si logras ponerte en los zapatos de tu gente, si logras liderar con empatía y firmeza, estarás en el camino correcto. Porque al final del día, un buen líder no es el que manda, sino el que inspira.

Hasta aquí, hemos recorrido los desafíos y lecciones que me enseñaron el verdadero significado de liderar. Pero esto es solo el comienzo de un liderazgo auténtico. Lo que viene a continuación va más allá de los aciertos y errores. Te abriré las puertas hacia una de las claves más transformadoras en la vida de cualquier líder... algo que no solo marcará el rumbo de tu negocio, sino que cambiará tu manera de pensar y actuar, llevándote a ver oportunidades donde otros solo ven obstáculos...

# CAPÍTULO 4

# LIDERA SIN SABERLO TODO

Te voy a hacer una pregunta: ¿Qué negocio quieres iniciar? Piensa en un negocio que se te ocurra, cualquiera que venga a tu mente. Puede incluso ser el tuyo. Digamos que es una imprenta. Si yo tuviera que poner una imprenta, no sabría nada sobre eso. No sé cómo se imprime, no conozco las máquinas, no sé qué tan grande debe ser el lugar, ni si necesito computadoras Mac o Windows. Empezaría investigando de qué se trata una imprenta, vería cuál es el perfil de las personas que necesito y buscaría ese perfil. Esa es la mayor lección que he aprendido:

no necesito ser especialista en un tema para poner un negocio.

Si me dices: "Te pongo un reto: abre una imprenta", lo hago, y busco personas con la experiencia y formación necesarias.

Henry Ford tenía claro que no necesitaba saberlo todo para ser un gran empresario, y una vez, cuando lo llevaron al estrado por considerarlo ignorante, lo dejó bien claro. Esta historia, narrada por Napoleon Hill en su libro *Piense y hágase rico*, muestra cómo Ford respondió con firmeza cuando lo cuestionaron sobre su falta de conocimientos. En la corte, les dijo a los abogados: "Mire, yo tengo en mi escritorio una fila de botones. Con solo apretar uno de ellos, puedo llamar a cualquier persona que necesite para que me resuelva cualquier pregunta que tenga sobre mi negocio, que es al que le he dedicado toda mi vida. Dígame usted, ¿por qué tendría que llenarme la cabeza de conocimientos que no me sirven, solo para responder preguntas que no necesito contestar? Para eso tengo a gente capacitada a mi alrededor, que sabe más que yo en lo que hace falta".

Como Ford explicó, si necesitaba saber de mecánica, tenía un ingeniero mecánico; si necesitaba saber de matemáticas, tenía un matemático. Eso es lo que yo también creo, querido lector. No tienes que saberlo todo, ni ser el más experto en cada área. Lo importante es rodearte de gente que sí lo sea, que te complemente y te ayude a sacar el negocio adelante.

Yo funciono de la misma manera: negocio que pongo, negocio que funciona. Al día de hoy, tengo cuatro negocios funcionando, con gente contratada trabajando al 100%. Claro, hay quienes trabajan al 50%, y esas personas se notan solas. No son para mí, y yo no soy para ellos, así que se van a buscar otro lugar donde puedan aprovechar mejor su capacidad.

Como líder, siempre busco un detonante para mis

empresas, algo que me diferencie de la competencia. Por ejemplo, en mi empresa de limpieza, donde somos ya más de 500 colaboradores, tuvimos de repente más de 450 empresas nuevas compitiendo con nosotros, emprendimientos que surgieron con la pandemia. Ante el reto, quisimos sobresalir y estar en lo más alto, para que todos nos vean.

En el 2023, obtuvimos la certificación en la norma ISO 9001:2015, una norma internacional de gestión de calidad. Este año 2024 estamos en proceso de recertificación. Ahora buscamos también la ISO 45001, que se enfoca en la seguridad del trabajador, un tema clave para las grandes empresas. Si logramos la certificación ISO 45001:2018, eso nos pondrá diez escalones arriba de la competencia.

Para esto, yo no sabía nada de normas, pero no me detuve. Busqué y contraté a un especialista en normas y certificaciones, un experto que vive en el estado de Campeche. Hicimos un convenio, firmamos un contrato, y él nos ayudó a conseguir la ISO 9001:2015. Estoy seguro de que también lograremos la ISO 45001:2018. Claro, hay que facilitarle toda la documentación e información que necesita, pero mi crecimiento en ventas va a la par de mi compromiso. Cuanto más vendemos, mayor es nuestra responsabilidad. Cuanto más confían en nosotros, más grande es nuestro deber con los clientes.

Un director de Grupo Modelo me dijo una vez: "Si quieres estar a la altura de Grupo Modelo, tienes que pensar como Grupo Modelo". Y eso me quedó grabado. Con la certificación, hemos conseguido más contratos con compañías internacionales, pero no por eso dejo de trabajar con los negocios pequeños. Le instalo cámaras a negocios informales y también trabajo con gigantes como Grupo Modelo.

Todo esto se aprende, querido lector, y me siento respaldado por la gente que está conmigo y sigue mis indicaciones. Mi liderazgo crece día a día, y al final, eso es lo que realmente cuenta para un líder: la gente que te sigue.

El liderazgo más efectivo es el que se construye y se perfecciona con el tiempo y el trabajo constante, y para eso quiero también darte soluciones, esas claves que descubrí a través de los años para mejorar mi liderazgo y transformar mi negocio. No soy un experto en manuales, pero sí en vivir el día a día y en aprender de las experiencias.

## Comienza la transformación

Querido lector, quiero tomarme un momento para hablarte desde lo más profundo de mi corazón. Hasta aquí, has caminado conmigo a través de reflexiones, historias y enseñanzas que han moldeado mi vida y mi forma de liderar. Pero lo que viene a continuación es especial. Es el corazón de este libro: las estrategias que han sido mi brújula en los momentos más oscuros y mi motor en los días más luminosos.

Sé que la vida no siempre es fácil. Quizás en este momento enfrentas retos que parecen insuperables: problemas en el trabajo, dificultades personales, momentos en los que el liderazgo, la motivación y la claridad parecen palabras vacías, como si fueran para otros, pero no para ti. Créeme, sé lo que es estar ahí.

Hubo momentos en mi vida en los que sentí que todo se desmoronaba. A pesar de dar lo mejor de mí, las puertas se cerraban una tras otra. Sé lo que es tener miedo, dudar de uno mismo y cuestionar si realmente estás hecho para lograr algo grande. Es un sentimiento que te consume, te aísla y te hace creer que no hay salida. Pero estoy aquí para decirte que hay esperanza. Siempre la hay.

He estado en tus zapatos. Sé lo que significa mirar

al futuro con incertidumbre, sin saber por dónde empezar o cómo continuar. Pero también sé que dentro de cada uno de nosotros hay una chispa, una fuerza que, aunque parezca débil, tiene el poder de encender un fuego imparable. Lo sé porque lo he vivido.

A lo largo de mi vida, he aprendido que el liderazgo no es un don reservado para unos pocos; es una habilidad que se puede desarrollar, una mentalidad que se puede cultivar, una luz que puede brillar incluso en los lugares más oscuros. No importa dónde estés ahora; no importa cuán lejos creas que estás de tus sueños. Si estás dispuesto a dar el primer paso, puedes transformar no solo tu vida, sino también la vida de quienes te rodean.

Es por eso que escribí este libro, porque creo profundamente en ti. Creo en tu capacidad para liderar, para superar los retos, para convertir tus sueños en realidad. Y es también por eso que me siento tan complacido de compartir contigo las estrategias que me han ayudado a lograrlo.

Las nueve estrategias que encontrarás en los próximos capítulos no son solo consejos o ideas vagas. Son herramientas prácticas, probadas en el campo de batalla de la vida. Son lecciones que he aprendido, muchas veces a través de errores y fracasos, pero siempre con la convicción de que podía ser mejor.

Cada estrategia que voy a compartir contigo está diseñada para ayudarte a construir un liderazgo auténtico, sólido y lleno de propósito. No te prometo un camino fácil, porque sería una mentira. Lo que sí te prometo es que, si aplicas estas estrategias con determinación, disciplina y fe en ti mismo, verás cambios reales en tu vida.

Imagina por un momento cómo sería liderar con claridad, sin dudas que te detengan. Piensa en la posibilidad de ser esa persona que inspira a otros, que toma decisiones con confianza y que enfrenta los retos con la certeza de que saldrá más fuerte del otro lado. Eso es lo que deseo para ti.

Ahora es tu turno, querido lector. Este libro no trata solo sobre mí ni sobre lo que he logrado; es sobre ti y el potencial que tienes para liderar en cualquier área de tu vida. Estas estrategias son mi regalo para ti, pero el verdadero cambio vendrá cuando las tomes y las hagas tuyas. Cuando las apliques a tu manera, en tu tiempo, guiado por tus propios sueños.

Te invito a seguir leyendo con el corazón abierto y la mente dispuesta. Considera cada estrategia como una semilla que puede germinar en tu vida, pero recuerda que eres tú quien debe regarla y cuidarla para que crezca. Estas estrategias son el inicio de un camino que puede llevarte a lugares que nunca imaginaste.

No estás solo en este viaje. Estoy aquí contigo,

compartiendo lo que sé y acompañándote en cada página, en cada paso. Porque creo en ti y sé que puedes lograr cosas extraordinarias.

En los siguientes capítulos, exploraremos juntos lo que significa liderar con propósito, empatía y visión. Descubrirás cómo transformar los retos en oportunidades, cómo construir un equipo sólido y cómo dejar un legado que trascienda. Estas estrategias no solo cambiarán tu forma de liderar, sino también tu vida.

Así que aquí estamos, al borde de algo grande. Da el siguiente paso conmigo. Deja que estas estrategias te guíen e inspiren a ser la mejor versión de ti mismo. No importa de dónde vienes o cuánto creas que te falta; lo que importa es que estás aquí, dispuesto a aprender, a crecer y a liderar.

Con todo mi respeto y admiración,

JAIRO GARCÍA

Cuando pienses en formar un negocio, no pienses primero en ganar dinero; piensa en **cómo ese negocio puede aportar algo a la sociedad**. Quien empieza un negocio solo por dinero está destinado al fracaso. Y si crees que tener un negocio te hará libre financieramente y con más tiempo personal, estás equivocado. Si empiezas de cero, serás el que más trabaje, el que más deudas asuma y el que menos duerma. Eso es definitivo.

Lo he visto en amigos y conocidos. Ponen un negocio, y la primera venta es para ellos; la segunda también, y así sucesivamente. Pero cuando llega la hora de pagar la nómina, no hay dinero. Deben a los proveedores y quedan atrapados en deudas. Se gastan el dinero que era para el negocio y solo les quedan problemas.

Tu negocio es como la gallina de los huevos de oro, y hay que cuidarla, alimentarla, y no esperar que siempre esté ahí. Los huevos que pone son fruto de cuánto la cuides. Tienes que saber invertir esos huevos de oro para que el negocio siga creciendo.

Un amigo puso una purificadora de agua y, sin haber consolidado su negocio, compró camionetas, terrenos y construyó oficinas. Le aconsejé que mejor rentara, que el negocio debía seguir fluyendo para crecer. En cinco meses, quedó debiendo a todos: al arquitecto, al de las camionetas, y a sus trabajadores. Terminó con tremendas demandas.

Cuando inicias, lo primero es ser autoempleado,

como dice Robert Kiyosaki en su libro *El Cuadrante del Flujo de Dinero*. Necesitas estar de sol a sol, asegurándote de que el negocio funcione, construyendo los cimientos. Después, pasarás al cuadrante de dueño, cuando tengas una estructura sólida y gente de confianza. Ahí es cuando puedes delegar, pero siempre vigilando que el negocio funcione.

No será hasta que llegues al cuadrante de inversionista que realmente podrás desprenderte del día a día y ver los frutos de tu esfuerzo.

## Técnicas para implementar un liderazgo enfocado en el valor y no solo en el dinero

El éxito en los negocios no se mide solo en pesos y centavos. No basta con abrir las puertas, vender y esperar que el dinero llegue. Se necesita un cambio de mentalidad, un enfoque donde el valor que aportas sea el motor que impulse todo lo que haces. Para que esto suceda, debes aplicar ciertas técnicas y estrategias de liderazgo que te ayudarán a mantener esa perspectiva enfocada en el propósito más allá de los beneficios económicos inmediatos.

Aquí te dejo algunas técnicas clave:

## 1. Define el propósito de tu negocio

Antes de pensar en cuánto dinero quieres ganar, define qué problema estás resolviendo con tu negocio. ¿Cuál es el propósito más allá de los ingresos? Pregúntate cómo tu producto o servicio puede mejorar la vida de tus clientes. Un negocio que tiene un propósito claro y significativo se convierte en algo más grande que solo una fuente de ingresos; se transforma en una misión. Este enfoque te ayudará a tomar decisiones estratégicas que no solo buscan ganancias rápidas, sino que también buscan impactar de manera positiva en tu comunidad.

## 2. Reinversión inteligente en el negocio

No cometas el error de sacar todo el dinero del negocio para gastos personales. El dinero que entra no es tuyo, es del negocio. Invierte en mejorar la experiencia del cliente, en capacitar a tu equipo, en innovar tus productos y servicios. Así, no solo mantendrás el negocio funcionando, sino que estarás continuamente mejorando y adaptándote a las necesidades del mercado. Recuerda, el dinero debe trabajar para el negocio primero, y tú cosecharás los frutos cuando el sistema esté sólido.

## 3. Desarrolla una cultura de valor en tu equipo

Tu equipo debe compartir la visión de aportar valor antes que nada. Esto significa involucrarlos en la misión de la empresa, haciendo que comprendan que no se trata solo de vender, sino de ayudar y satisfacer las necesidades de los clientes. Reúnete regularmente con tu equipo para discutir el impacto de su trabajo. Cuéntales historias de cómo lo que hacen ayuda a otros, y hazlos sentir parte fundamental del propósito del negocio.

## 4. Escucha a tus clientes y adáptate a sus necesidades

Un líder que no escucha a sus clientes está destinado a perder su negocio tarde o temprano. Realiza encuestas, solicita retroalimentación y, lo más importante, actúa sobre esa información. Los clientes quieren sentirse escuchados y saber que su opinión importa. Esta escucha activa no solo te ayudará a mantenerte relevante en el mercado, sino que también fortalecerá la relación con tus clientes, haciendo que vuelvan y recomienden tu negocio.

## 5. Establece metas de impacto, no solo financieras

Claro, tener metas financieras es importante, pero también establece metas que midan el impacto de tu negocio. ¿Cuántas vidas estás mejorando? ¿Cuánto estás ayudando a tu comunidad? ¿Cómo contribuyes a un entorno más saludable, más justo o más sostenible? Cuando tus metas van más allá de lo económico, tu negocio se convierte en una fuerza positiva, lo que a su vez atraerá más clientes y oportunidades de crecimiento.

## 6. Construye relaciones sólidas y auténticas

Enfócate en construir relaciones auténticas con tus clientes, proveedores y equipo. No veas a tus clientes solo como una fuente de dinero, sino como personas a las que puedes ayudar y con quienes puedes crear una conexión. La autenticidad y la transparencia en las relaciones generan confianza, y la confianza es la base de cualquier negocio exitoso. Si demuestras que te importa más la relación que la venta, estarás construyendo una clientela fiel y duradera.

## 7. Fomenta la innovación como pilar de tu negocio

El mercado cambia constantemente, y los líderes deben estar un paso adelante. Fomenta un ambiente donde se valore la creatividad y la innovación. Da espacio a tu equipo para proponer nuevas ideas y experimentar. No tengas miedo de probar cosas nuevas, aunque no todas funcionen. La innovación constante te mantiene relevante y competitivo, y demuestra que tu negocio siempre está buscando cómo aportar más valor.

## 8. Sé el ejemplo de compromiso y pasión

Tus acciones como líder son el reflejo del negocio. Si solo te ven enfocado en los números, ese será el mensaje que transmitas. Pero si te ven apasionado por el impacto, por el servicio y por hacer la diferencia, ese será el enfoque que permea en toda la organización. Liderar con el ejemplo no solo inspira a tu equipo, sino que también eleva el estándar de lo que es posible lograr.

## 9. Recuerda siempre tu porqué

En los momentos difíciles, cuando los números no cuadren o los retos parezcan insuperables, vuelve a tu "porqué". Recuerda por qué comenzaste y quiénes son las personas que se benefician de tu trabajo. Ese "porqué" es lo que te mantendrá firme, te motivará a seguir adelante y a encontrar soluciones creativas a los problemas que enfrentes.

## 10. Crea valor antes que cobrarlo

Antes de pensar en el dinero, piensa en cómo puedes agregar valor de manera genuina. Puede ser a través de contenido educativo, apoyo comunitario o simplemente ofreciendo un servicio excepcional sin esperar nada a cambio. El valor genuino crea una conexión emocional que es mucho más poderosa que cualquier táctica de ventas. El dinero es un resultado natural cuando realmente estás ayudando a alguien.

Estas técnicas no solo fortalecerán tu liderazgo, sino que también transformarán la manera en que operas tu negocio. Recuerda siempre que el verdadero éxito llega cuando tu enfoque está en cómo puedes servir mejor, no en cuánto puedes ganar.

## Conclusión

Al comenzar un negocio, es fácil pensar que lo más importante es ganar dinero. Sin embargo, el verdadero éxito llega cuando te enfocas en ayudar a los demás y en hacer algo positivo para tu comunidad. Si solo te preocupas por el dinero, es como querer obtener todos los huevos de oro sin cuidar a la gallina que los pone. Tu negocio necesita atención y esfuerzo para crecer de manera saludable.

Reflexiona sobre cómo tu negocio puede marcar una diferencia en la vida de las personas. Al centrarte en ofrecer algo valioso, el dinero llegará como consecuencia de un trabajo bien hecho. Recuerda siempre por qué empezaste y mantén viva esa pasión por servir y mejorar el mundo que te rodea. Así, lograrás un negocio exitoso y te sentirás orgulloso de lo que haces.

¿Te imaginas tener un negocio que ayuda a los demás y te brinda tiempo para disfrutar con tu familia? En el próximo capítulo descubriremos cómo puedes construir un negocio que trabaje para ti.

Prepárate para aprender a crear un sistema en el que puedas confiar y alcanzar más libertad financiera. Verás que es posible hacer crecer tu negocio sin estar atado a él. ¿Estás listo para explorar este camino hacia una vida más libre? Te diré cómo en el siguiente capítulo…

# CAPÍTULO 6: ESTRATEGIA 2
# FORMAR UN NEGOCIO PARA SER LIBRE FINANCIERAMENTE

Este punto se relaciona con el anterior, pero la diferencia está en el enfoque. El primero, trata de aportar valor y no solo de buscar ganar dinero. El segundo punto es sobre la libertad financiera, pero muchos creen equivocadamente que eso significa trabajar menos.

Conozco personas con mucho dinero que trabajan de 6 de la mañana a 10 de la noche, de lunes a domingo, y no son libres. También conozco a la señora que vende verduras y lleva más de cuarenta años trabajando sin descanso. No se enferma, no va a fiestas, no toma vacaciones ni se va de viaje, pero tiene mucho dinero. Eso no es libertad financiera.

Para mí, ser libre financieramente significa tener un negocio que funcione bien por sí solo, con alguien de confianza a cargo, y que te permita experimentar con otros negocios. Si uno de esos nuevos negocios no funciona, siempre puedes regresar al principal porque sigue generando.

Nosotros tenemos cuatro negocios: un gimnasio, una farmacia, una fábrica de productos de limpieza biodegradables, y nuestro primer negocio de servicios de limpieza y mantenimiento general. Afortunadamente, los cuatro están funcionando bien.

El secreto ha sido rodearme de gente capacitada y entender los pasos para hacerlo de manera correcta y legal.

Aunque no tenga millones en el banco, soy libre

financieramente porque los negocios se sostienen por sí mismos: pagan nóminas, rentas y generan utilidades. Esas utilidades se manejan bajo un contrato legal o acta constitutiva. Al final del año, revisamos los resultados y vemos cuánto podemos destinar a nuevas inversiones.

Lo importante es construir un sistema que funcione sin ti, que te permita crecer y no estar atado al negocio día y noche. Esa es la verdadera libertad financiera, la capacidad de seguir avanzando y creando sin perder tu vida en el proceso.

Un buen líder tiene como función principal formar más líderes. Un negocio necesita de personas que tomen la iniciativa, así que el buen líder debe preparar a alguien que pueda hacerse cargo cuando él no esté. El éxito se ve distinto para cada persona.

Te cuento de una chica muy buena, inteligente y capaz, con un futuro brillante conmigo. Le dediqué tiempo, la capacité y se convirtió en una lideresa increíble. Sin embargo, para ella, el éxito era formar una familia, tener un hijo y un esposo, así que decidió seguir ese camino. Se casó a los veintitrés años, ahora tiene una hermosa nena de cuatro años y junto a su esposo son líderes de una iglesia. Para ella, el éxito siempre fue formar su familia y vivir feliz. Para mí, el éxito es seguir formando negocios exitosos.

Para otros, el éxito es llegar al puesto más alto en un organigrama y dirigir un negocio que no es suyo. Tengo gente así en mi empresa. Ellos dirigen mi negocio y se sienten realizados, porque aunque reciben un salario, se sienten orgullosos de su trabajo y de lo que aportan.

Por eso, es fundamental identificar quiénes pueden ser tus líderes y a quiénes puedes delegar. Hay un dicho que dice "Al ojo del amo engorda el caballo", pero no lo comparto del todo. Es necesario vigilar cómo funcionan las cosas, porque hasta los líderes pueden tener una fecha de caducidad. Puede llegar el momento en que se corrompan o pierdan su rumbo, y ahí es cuando debes estar atento para hacer los cambios necesarios.

Si te mantienes pegado a tu negocio 24 horas al día para que no te roben o para que todo funcione bien, eso no es vida. Sigues siendo un autoempleado. El objetivo aquí es ser dueño, delegar y confiar en tu equipo, permitiendo que tu negocio prospere sin que tú estés presente todo el tiempo.

## Técnicas para implementar el liderazgo en la búsqueda de libertad financiera

La libertad financiera no es solo una meta, es una mentalidad y una estrategia de liderazgo. No se trata de tener millones en el banco, sino de crear un sistema sólido que funcione sin ti, permitiéndote enfocarte en lo que realmente importa y explorar nuevas oportunidades. Para llegar ahí, necesitas aplicar ciertas técnicas clave que no solo te permitirán crecer como líder, sino también construir un negocio sostenible y autónomo. Aquí te presento algunas técnicas para implementar el liderazgo en tu vida y alcanzar la libertad financiera que buscas:

## 1. Delegar con propósito y confianza

Delegar no es solo asignar tareas; es una de las habilidades más importantes de un líder que busca libertad. Asegúrate de preparar a tu equipo no solo en sus tareas diarias, sino también en el porqué de cada decisión. Capacita a las personas para que entiendan la visión del negocio y la forma en que cada uno contribuye a esa visión. Cuando delegas con propósito, liberas tiempo para pensar en estrategias y crecimiento, y empoderas a otros para que lideren en tu ausencia.

## 2. Crear sistemas y procesos eficientes

Un negocio libre es un negocio con procesos claros y replicables. Establece sistemas que te permitan automatizar lo más posible, desde la contabilidad hasta la atención al cliente. Documenta todo: cómo se hacen las cosas, quién es responsable de qué y cómo resolver los problemas comunes. Esto no solo facilitará la operación diaria, sino que también permitirá que el negocio continúe funcionando incluso cuando tú no estés presente.

## 3. Identifica y desarrolla líderes internos

Busca dentro de tu equipo a aquellos que muestran iniciativa, compromiso y capacidad de tomar decisiones. Inviérteles tiempo y recursos en su formación. No todos serán líderes, pero aquellos que tienen la capacidad pueden ser transformados en los pilares que sostendrán tu negocio. Recuerda que tu objetivo no es solo formar empleados; es formar a los futuros líderes de tu empresa.

## 4. Mantén la visión y comunícala claramente

Un negocio necesita una visión clara y un propósito que lo guíe. Como líder, tu trabajo es recordar constantemente esa visión tanto a ti mismo como a tu equipo. Mantén esa visión en todas tus decisiones, grandes y pequeñas. Cuando el equipo entiende el objetivo final, se sienten más comprometidos y motivados, y eso impulsa al negocio hacia adelante sin que tú tengas que estar detrás de cada detalle.

## 5. Establecer metas claras y medibles

La libertad financiera no se logra por accidente; necesitas un plan. Establece metas claras y medibles para ti y para tu negocio. Define lo que significa libertad financiera para ti: ¿Es tener suficiente para invertir en nuevos proyectos? ¿Es generar ingresos pasivos que superen tus gastos? Luego, diseña un plan con pasos concretos para llegar ahí y revisa esos objetivos regularmente.

## 6. Inversión en capacitación continúa

La formación no solo debe ser para tus empleados; como líder, también debes invertir en tu propio desarrollo. Cursos de finanzas, liderazgo, administración del tiempo y cualquier otra área en la que necesites fortalecer tu capacidad. Mientras más aprendas y mejores tus habilidades, más fácil te será guiar a tu negocio hacia la autonomía y la sostenibilidad.

## 7. Adopta una mentalidad de resiliencia y adaptabilidad

Ningún plan sale exactamente como se espera. Habrá momentos de crisis, cambios de mercado y decisiones equivocadas. Lo importante es no aferrarte al control total, sino aprender a adaptarte y ajustar tus estrategias sobre la marcha. Como líder, tu capacidad de resiliencia y tu habilidad para mantener la calma en medio de la tormenta marcarán la diferencia entre un negocio que cierra y uno que supera cualquier obstáculo.

## 8. Crea fuentes de ingreso diversificadas

No pongas todos tus huevos en una sola canasta. Tener varias fuentes de ingresos, ya sea dentro del mismo negocio o en diferentes áreas, te dará la tranquilidad de saber que si una parte falla, otras seguirán funcionando. Esto es clave para la libertad financiera: no depender de un solo flujo de ingresos y asegurarte de que tu negocio pueda sostenerse por diferentes vías.

## 9. Evalúa constantemente y ajusta tu estrategia

No puedes liderar con los ojos cerrados. Evalúa constantemente el desempeño de tu negocio, de tus líderes y de ti mismo. Pregunta, escucha, observa y ajusta lo que sea necesario. La evaluación continua te permite estar un paso adelante y mantener la flexibilidad para adaptarte a los cambios del mercado y a las necesidades de tu equipo.

## 10. Fomenta una cultura de transparencia y responsabilidad

La confianza es la base de cualquier negocio que busca libertad. Fomenta una cultura en la que se hable claro, donde los errores se reconozcan y se aprendan de ellos. Si tu equipo sabe que puede confiar en ti y que tú confías en ellos, trabajarán con un nivel de compromiso que no se logra de otra forma.

## Conclusión

La verdadera libertad financiera no se mide por la cantidad de dinero en el banco, sino por la capacidad de tu negocio para prosperar sin que estés presente constantemente. Es la diferencia entre ser esclavo de tu emprendimiento y ser un líder que construye un legado, apoyado por sistemas sólidos y un equipo capacitado que avanza contigo. Aquí, no se trata de cuánto trabajas, sino de cómo estructuras tu negocio para que sea una herramienta que impulse tu vida y no una carga que te limite.

La estrategia número 2 te muestra que delegar con propósito, formar líderes y diversificar ingresos son elementos clave para alcanzar esa libertad. Este proceso requiere visión, disciplina y, sobre todo, un compromiso contigo mismo para aprender y adaptarte constantemente. Al final, no se trata solo de lo que construyes, sino de cómo impactas la vida de quienes te rodean, creando algo que trascienda más allá de ti.

El camino hacia la libertad financiera presenta desafíos. Pero, ¿qué haces cuando esos obstáculos parecen insuperables? Aquí es donde se define la verdadera fortaleza de un líder. En el siguiente capítulo, descubrirás cómo transformar los retos en tus mayores aliados, aprendiendo a ver en cada caída una oportunidad para levantarte más fuerte. Lo que viene no es fácil, pero es esencial para crecer. ¿Te atreves a enfrentarte a lo inesperado y salir transformado? ¡Adelante, la siguiente estrategia ya te espera!

# HAZ DE LOS OBSTÁCULOS TU MEJOR MAESTRO

Te enfrentarás a obstáculos que nunca imaginaste y muchas personas te darán la espalda. Estarás solo contra el mundo y, aun así, tendrás que seguir adelante. Y te lo digo por experiencia: cuando todos te den la espalda y sientas que el mundo se te cae, levanta la vista al cielo por dos razones. La primera, para recordar que el límite es solo el cielo. La segunda, para saber que allá arriba está Dios, quien nunca te soltará y siempre te levantará cuando caigas.

Quizás parezca contradictorio porque digo que mi gente me ha respaldado y que también todos te dan la espalda. Me refiero a esa sensación de que, aunque grites y pidas ayuda, sientes que nadie está ahí para escucharte, que nadie encuentra la solución a tu problema.

Cuando enfrenté el problema con el fisco, me sentía solo, desesperado porque quería que todo se resolviera de inmediato, pero no se podía. Al final, es cierto que recibí ayuda: de mi contadora, de otros contadores que me recomendaron y, sorprendentemente, de alguien de la autoridad fiscal que me dio el contacto de personas que podían ayudarme. Creo que esa persona me vio perdido, preocupado, y me dijo: "Contáctalos, ellos te pueden ayudar". Atribuyo eso a la mano de Dios, quien siempre te muestra una herramienta, una salida y te impulsa a seguir adelante.

He pasado por muchas situaciones en las que me he sentido solo, cargando el mundo entero. Por más que la gente a mi alrededor sea buena, los resultados no siempre son los que espero. Pero hay que seguir, hay que avanzar, aunque sea de rodillas, pero nunca detenerse.

Ahora, ¿qué pasa si eres ateo y tienes problemas con tu empresa? Esta pregunta me la han hecho muchas veces en conferencias. En uno de los capítulos de mi libro, hablo sobre la fe en Dios, y alguien podría decir: "¿Y si soy ateo?" Pues mira, la definición de ateo es alguien que no cree en Dios. Entonces, si no crees en Dios, cree en ti mismo. En el libro también hablo de la importancia de creer en uno mismo. Tienes que creer que puedes, porque esa fe, sea en ti, en Dios o en cualquier figura, te debe llevar a un resultado.

Este libro está enfocado en toda la sociedad y respeta las creencias de cada uno, ya sea que crean en Dios, en Buda, o en nada. Lo importante es encontrar un motor, algo que te impulse. Nadie es completamente autosuficiente; todos tenemos algo que nos mueve.

¿Y qué pasa si soy un emprendedor al que todo le sale mal? Por más esfuerzo que pongo, nada da resultados. Si tú me dices que crea en Dios o en mí mismo y nada funciona, ¿qué hago? Si todo te sale mal, si nada funciona, el problema no es el negocio, no es la gente, ni en quién crees. El problema eres tú, y tienes que empezar desde cero, analizar qué buscas y cómo lo haces.

Te puedo mencionar cuatro palabras clave: sueños, objetivos, metas y propósito.

Primero, querido lector, ¿cuáles son tus sueños? ¿Qué quieres? ¿Qué deseas? ¿Qué anhelas? Algo debes querer, algo te mueve. Tienes cinco sueños, pero enfoquémonos en el más importante. ¿Cuál es el que más deseas cumplir?

—"Quiero viajar por todo el mundo".

Perfecto, ahora vamos a plantear objetivos. ¿Qué

necesitas para cumplir ese sueño? Primero, necesitas dinero. Entonces, el primer objetivo es conseguir dinero. ¿En cuánto tiempo? ¿Cómo lo conseguimos? Trabajando. Busquemos un trabajo que te permita ganar lo necesario para viajar.

De esos objetivos, ¿cuáles serán tus metas? Tal vez tu sueño es recorrer todo el mundo, pero eso no se logra de inmediato. Tu meta podría ser visitar Europa primero. Así que esa será tu primera meta: llegar a Europa. Tu sueño sigue intacto; después podrás conocer otros países, y quién sabe, hasta soñar con un viaje a Marte. Vamos paso a paso.

Ahora, querido lector, ya tenemos sueños, objetivos y metas. Pero, ¿cuál es tu propósito de vida? ¿Por qué estás aquí? ¿Qué quieres dejar en este mundo? ¿Qué quieres lograr?

Hago esta pregunta frecuentemente en mis conferencias, sobre todo a estudiantes. Les pregunto por qué estudian lo que estudian, y algunos me responden: "Porque mi papá quiere que me haga cargo de la empresa". Entonces les pregunto, ¿es tu sueño o el sueño de tu papá?

A menudo, me devuelven la pregunta: Y usted, ¿cuál es su propósito?

Mi propósito de vida fue sacar de la pobreza a mi familia. Trabajé día y noche para lograrlo. En su momento, mi familia comía una vez al día. Hoy, mi propósito es seguir generando empleos, porque hay muchas personas de 50 o 60 años que no encuentran trabajo y yo puedo ser ese medio para que lleven el pan a sus hogares.

¿Y mis objetivos? Conseguir más clientes. ¿Y mi meta? Seguir brindando soluciones y vendiendo servicios.

Mis sueños ya los cumplí: tener una empresa, una casa, y ayudar a mi familia.

Entonces, si como lector sientes que te digo que debes tener fe y no te está funcionando, esta es la fórmula que te comparto: sueños, objetivos, metas y propósito. Tenerlos claros es lo que te ayudará a avanzar.

Es decir, para fortalecer mi creencia, necesito trabajar en mi interior, enfocarme en mis sueños, objetivos, metas y propósito, para fortalecerme desde adentro. Tener esa ilusión que me motive y me impulse a seguir adelante. Algo que, de alguna manera, también se mueve en el ámbito espiritual.

Ahora, es cierto que no todos nacimos para ser empresarios. Si todos lo fuéramos, no existirían doctores, meseros, chefs, ni muchas otras profesiones que hacen falta para vivir. Todos, hasta cierto punto, tienen ese espíritu emprendedor, desde el doctor hasta el chef. Todos son, de alguna forma, emprendedores de su propia vida.

Este libro está diseñado para ayudarte a fortalecer tu liderazgo y sacar adelante tu negocio. Te estoy compartiendo herramientas para mejorar y, en este contexto, fortalecer la fe y la creencia en ti mismo.

Quiero que comprendas que el liderazgo no es algo que se obtiene de la noche a la mañana ni se logra solo con desearlo. Es un proceso que implica esfuerzo, constancia y, sobre todo, un compromiso con uno mismo para mejorar continuamente. A continuación, te compartiré algunas técnicas prácticas para implementar y fortalecer tu liderazgo, basado en los principios de sueños, objetivos, metas y propósito que discutimos anteriormente.

## 1. Define tu mapa personal: claridad en sueños, objetivos, metas y propósito

El primer paso para ser un líder efectivo es tener claro hacia dónde vas. Esto no solo aplica en los negocios, sino también en la vida personal. Tómate un momento para definir tus sueños, los objetivos que necesitas cumplir para alcanzarlos, las metas específicas que te guiarán en el camino, y el propósito que le da sentido a todo lo que haces.

No se trata solo de hacer una lista y guardarla; revisa este mapa personal constantemente. Si uno de tus objetivos cambia, ajusta tus metas en consecuencia. Mantén tu propósito siempre presente, porque este será tu motor cuando las cosas se pongan difíciles. Un líder que sabe a dónde va inspira a otros a seguirlo.

## 2. Practica la visualización: ve más allá del obstáculo

La visualización es una herramienta poderosa que te ayuda a mantener el enfoque. Dedica unos minutos cada día a visualizarte alcanzando tus sueños, logrando tus objetivos y cumpliendo tus metas. Imagina con detalle cómo se siente alcanzar lo que te propones. Esto no es solo un ejercicio motivacional; al visualizar tus logros, preparas tu mente para enfrentar los desafíos y encontrar soluciones.

Los obstáculos se ven menos intimidantes cuando ya has visto cómo los superas. Por eso, visualiza no solo el éxito, sino también los problemas que podrían surgir y cómo los enfrentarías. Un líder anticipa y se prepara para cualquier escenario.

## 3. Desarrolla la autodisciplina como clave del éxito

La autodisciplina es fundamental para cualquier líder. Sin ella, es fácil perderse en la rutina y dejar de lado los compromisos con uno mismo. Fija horarios específicos para trabajar en tus objetivos y cúmplelos. La autodisciplina no solo se trata de trabajar duro, sino de hacer lo necesario aun cuando no tienes ganas. Es levantarte temprano, estudiar, planificar, y seguir adelante cuando otros se rinden.

Crea rutinas que fortalezcan tu disciplina diaria. Un líder que se mantiene fiel a su camino, a pesar de las distracciones, es un líder que llegará lejos.

## 4. Rodéate de personas que potencien tu crecimiento

Nadie llega a la cima solo. Rodéate de personas que compartan tu visión, que te apoyen y te impulsen a seguir creciendo. Busca mentores que ya hayan recorrido el camino que tú deseas recorrer. Aprende de sus errores y aciertos. Un buen mentor te mostrará cosas que tú no ves y te dará la confianza para dar los pasos correctos.

Crea un círculo de influencia positivo: familiares, amigos, colegas y, sobre todo, personas que admiras. El liderazgo también se fortalece al aprender de los demás, observando cómo manejan sus propios desafíos y éxitos.

## 5. Aprende a tomar decisiones bajo presión

Una de las habilidades más críticas de un líder es la capacidad de tomar decisiones, especialmente bajo presión. La indecisión puede costarte tiempo y oportunidades. Practica la toma de decisiones rápida y efectiva, considerando los pros y los contras, pero sin quedarte paralizado por el análisis.

Confía en tu intuición, pero también en los datos y en la experiencia. En situaciones difíciles, no dudes en consultar a expertos, pero ten claro que la decisión final siempre será tuya. Acepta la responsabilidad de tus elecciones y aprende de cada una de ellas.

## 6. Desarrolla resiliencia emocional: aprende a caer y levantarte

La resiliencia emocional es una cualidad indispensable para un líder. Implica aprender a manejar tus emociones, especialmente en momentos de crisis. No se trata de no sentir miedo, tristeza o frustración, sino de saber cómo canalizar esas emociones de manera que no te impidan avanzar.

Cuando enfrentes un revés, toma un momento para procesar lo que sientes, pero no te quedes ahí. Levántate, analiza lo sucedido y decide cuál será tu siguiente paso. La vida no se detiene, y como líder, tú tampoco puedes hacerlo. Cada caída es una lección y una oportunidad para fortalecer tu carácter.

## 7. Aplica la regla del 1%: mejora diariamente un poco más

El liderazgo no se construye de un solo golpe, sino con pequeñas acciones diarias. Aplica la regla del 1%: mejora algo, aunque sea mínimo, cada día. Ya sea aprender algo nuevo, ajustar una estrategia o mejorar la comunicación con tu equipo, cada avance cuenta.

El progreso constante y acumulativo crea un impacto mayor a largo plazo. No subestimes los pequeños pasos, porque son los que te llevarán a tus grandes metas. Un líder que mejora constantemente se convierte en un ejemplo inspirador para su equipo.

## 8. Establece y mantén límites claros

Como líder, es fácil caer en la trampa de querer hacerlo todo, pero eso no es sostenible. Aprende a decir "no" cuando algo no aporta a tus objetivos o cuando sientas que ya estás al límite de tus capacidades. Establecer límites claros te ayuda a enfocar tu energía en lo que realmente importa y a proteger tu salud mental.

Un buen líder sabe cuándo delegar, cuándo pedir ayuda y cuándo descansar. El equilibrio es clave para mantenerte en tu mejor forma y seguir siendo efectivo.

## Conclusión

Cada reto, cada caída y cada momento de incertidumbre tienen un propósito más grande del que a veces podemos comprender. Los obstáculos son lecciones disfrazadas, oportunidades para crecer y convertirte en la persona que necesitas ser para alcanzar tus metas. En la estrategia número 3, hemos visto cómo los desafíos moldean a los verdaderos líderes. Aprender a enfrentarlos, transformarlos en fuerza y seguir adelante, es la esencia de un liderazgo sólido y duradero.

El liderazgo no se trata solo de resolver problemas, sino de encontrar en ellos el impulso para avanzar, incluso cuando las circunstancias están en tu contra. Es en los momentos más difíciles cuando se forjan los líderes más fuertes. Si has aprendido algo hasta ahora, quiero que te quedes con esta idea: cada vez que caigas, no será para quedarte ahí, sino para levantarte más fuerte y con una visión más clara de quién eres y hacia dónde te diriges.

El próximo capítulo abrirá una puerta completamente nueva. No se tratará solo de enfrentar obstáculos, sino de algo más profundo que cambiará cómo interactúas con los demás y cómo te perciben como líder. Existe un secreto que puede transformar tus relaciones, fortalecer tu equipo y llevar tu liderazgo a otro nivel. Para descubrirlo, necesitarás reflexionar sobre una verdad fundamental: el poder de un líder no está en lo que dice, sino en lo que escucha. ¿Estás preparado para dar el siguiente paso y descubrir esta habilidad que puede marcar la diferencia? Te espero en la siguiente página…

# AGENDA UNA CITA

**¿Listo para ir más allá de la meta y liderar con éxito?**

**Es momento de tomar acción y llevar tu liderazgo y negocio al siguiente nivel.**

**Agenda una sesión y descubre las estrategias prácticas que te ayudarán a tener resultados concretos.**

**¡El siguiente paso está en tus manos!**

---

**Reserva Una Sesión Hoy**

## ESCANEAR AQUÍ

**Haz del propósito, tu poder.**

### Dr. Jairo garcía

**Estratega Empresarial**

# CUANDO EL LÍDER ESCUCHA

Hace algunos años, tomamos un proyecto y tuve la fortuna de contar con gente muy dedicada, personas enfocadas en lograr resultados. Sin embargo, hubo una persona que, en su afán de cumplir, tomó un camino equivocado.

Necesitábamos ingresar personal y, para eso, se requiere un proceso que incluye exámenes médicos y revisiones para confirmar que son aptos para el puesto. La presión que tenía esta persona era que el laboratorio estaba tardando en dar citas, y se le hizo fácil duplicar cuatro exámenes, cambiando solo los nombres, para acelerar el ingreso del personal.

El cliente se dio cuenta y me llamó: "Tenemos cuatro personas con documentos falsos; ya confirmamos que no tienen registro en el laboratorio". Hablé con la encargada del proceso y le pregunté qué había pasado. Ella lo negó, diciendo que no sabía nada. Le di otra oportunidad para justificarse, insistiendo en que, de mi lado, todo estaba en orden.

Revisé de nuevo con la persona a cargo de los estudios médicos y seguía negándolo. Hablé con mi cliente y le aseguré que todo estaba bien, pero el problema no se resolvía. Finalmente, le dije a mi colaboradora: "Voy a contratar un perito para verificar si los documentos fueron falsificados". Fue entonces que, con lágrimas en los ojos, me confesó: "Sí, los falsifiqué".

En nuestro contrato con el cliente, ingresar personal

con documentos falsos es motivo de rescisión inmediata. Apenas teníamos dos meses con ese contrato y ya estábamos en riesgo de perderlo.

A la persona que causó el problema, tuve que separarla del puesto. Me firmó una carta de su puño y letra donde reconocía que, por la presión y el afán de cumplir, falsificó la documentación por cuenta propia, sin involucrar a nadie más. Después tuvo que dejar la empresa. No demandé a la chica porque entendí que actuó bajo presión. La separé del puesto porque era lo correcto.

Fui con mi cliente y le dije: "Logramos encontrar el problema. Desafortunadamente uno de mis empleados falsificó la información. Te pido una disculpa porque antes te dije que no lo habíamos hecho; eso era lo que me habían informado. Aquí está la carta de la persona responsable. Ya la separamos de su cargo y ya no está en la compañía".

No quise mentirle a mi cliente. Le dije la verdad: "Sí, se falsificaron documentos, me mintieron y te di información incorrecta. No es mi forma de trabajar, acepto lo que dice el contrato y seguiré mientras consigues a otra empresa. Solo dime cuánto tiempo necesitas".

Le expliqué que entendía la situación y las cláusulas del contrato, y que no se preocupara; mientras encontrara otra empresa que tomara el servicio, nosotros seguiríamos trabajando. No íbamos a dejar el trabajo tirado. Le dije que lamentaba lo sucedido, pero que estaba dispuesto a aceptar las consecuencias que dictara el contrato.

Esto sucedió a solo dos meses de haber iniciado el contrato. Era el contrato de mis sueños, el que había buscado por tanto tiempo, y estuvimos a punto de perderlo. La empatía tanto con la chica como con mi cliente fue fundamental. No defendí lo indefendible, no discutí, ni traté de convencer para que me ayudara.

Fue una situación de mucha tensión, mucho estrés, de ver cómo el sueño por el que tanto había trabajado se tambaleaba por una mala decisión. Además del riesgo de perder el contrato, 150 personas se quedarían sin empleo y mi reputación quedaría dañada.

Creo que esa empatía y sinceridad, al decirle: "Te entiendo, estás en tu derecho, solo cumples con los reglamentos y yo fallé", marcaron la diferencia. Él me respondió: "Ya lo sabe el corporativo, ya lo saben mis directores; vamos a tener una reunión, pero yo no tengo problema en que continúes con el servicio".

Al final, hablar con la verdad fue la mejor solución que encontré.

Es esencial ser empático, ponerse en los zapatos de la gente, de quienes trabajan para ti. Gracias a ellos, tu negocio puede tener éxito.

Lo que quiero dejarte claro con la historia anterior es que ser líder no solo se trata de tomar decisiones y dirigir; se trata de conectar con la gente, de ponerte en sus zapatos y ser sincero en todo momento, incluso cuando es difícil. A continuación, te comparto algunas técnicas para que puedas implementar este tipo de liderazgo empático y honesto en tu vida y tu negocio. Estas prácticas no solo te ayudarán a construir relaciones más fuertes, sino que también fortalecerán la confianza y la credibilidad que tienes con tu equipo y tus clientes.

## 1. La comunicación abierta
## y honesta es tu mejor herramienta

La sinceridad siempre debe estar en la base de tu liderazgo. No importa cuán complicada sea la situación, siempre comunica lo que está ocurriendo con claridad y sin rodeos. Esto no solo te permite mantener la confianza de tu equipo y clientes, sino que también muestra que eres responsable y estás dispuesto a asumir las consecuencias de tus acciones.

Cuando enfrentes problemas o errores, como los que narré en la historia, sé transparente. Explica lo que pasó, admite lo que salió mal y cuáles serán los próximos pasos para solucionarlo. La gente valora la verdad y, aunque no siempre obtendrás la respuesta que esperas, esa sinceridad crea una base sólida sobre la cual construir relaciones duraderas.

## 2. Aprende a escuchar activa y empáticamente

Como líder, no solo hables, escucha. La escucha activa es una técnica esencial para desarrollar empatía. Dedica tiempo a entender las preocupaciones, opiniones y sugerencias de tu equipo. Cuando te tomas el tiempo para escuchar, la gente se siente valorada y comprendida, y esto crea un ambiente de trabajo más colaborativo y positivo.

En la historia, la falta de comunicación fue una de las causas del problema. La chica no se sintió en la confianza de comunicar las dificultades que enfrentaba con los exámenes médicos y optó por una salida fácil, pero incorrecta. Un líder que fomenta la comunicación abierta puede prevenir este tipo de errores.

## 3. Implementa la toma de decisiones consciente y basada en valores

No todas las decisiones serán fáciles, y a veces tendrás que elegir entre lo correcto y lo conveniente. Desarrolla un sistema de valores claro que guíe tu liderazgo y úsalo como brújula para tomar decisiones. Pregúntate siempre: ¿Esta decisión respeta mis principios? ¿Estoy siendo justo y honesto?

En la historia, tuve que decidir entre encubrir el error y salvar el contrato, o ser honesto y correr el riesgo de perderlo. Opté por la verdad, porque eso refleja mis valores como líder y como persona. Y aunque la situación fue complicada, esa decisión basada en valores me permitió mantener mi integridad y la confianza de mi cliente.

## 4. Capacita y forma a tu equipo para afrontar situaciones de alta presión

Uno de los grandes errores en la situación fue la falta de preparación de mi colaboradora para manejar la presión. Como líder, no solo es tu responsabilidad formar a tu equipo en habilidades técnicas, sino también en habilidades emocionales y de toma de decisiones bajo presión.

Desarrolla programas de capacitación que incluyan simulaciones de situaciones difíciles o ejercicios de toma de decisiones. Ayuda a tu equipo a entender que siempre hay una salida correcta y que es mejor comunicar un problema a tiempo que intentar ocultarlo.

## 5. Crea un ambiente de confianza donde los errores se puedan admitir y aprender de ellos

Los errores son parte del camino y, como líder, tu reacción ante los errores de otros establece el tono de la cultura de tu negocio. Si creas un ambiente de miedo al error, la gente ocultará sus problemas en lugar de enfrentarlos. Pero si muestras comprensión y utilizas los errores como oportunidades de aprendizaje, motivarás a tu equipo a ser más transparente.

Después de la situación, tuve que reflexionar sobre cómo mi respuesta inicial pudo haber influido en la decisión de mi colaboradora de falsificar documentos. Aprendí que es crucial dejar claro que prefiero que me traigan un problema sin resolver antes de que lo escondan.

## 6. Mantén la calma y lidera con el ejemplo en tiempos de crisis

Durante los momentos más tensos, es cuando más se pone a prueba el liderazgo. Mantén la calma, no te dejes llevar por la desesperación y muestra con tu ejemplo cómo enfrentar las adversidades. La serenidad y la capacidad de tomar decisiones racionales, incluso en situaciones complicadas, inspirarán a tu equipo a hacer lo mismo.

La calma no significa falta de acción, sino actuar con claridad y determinación. Si muestras seguridad, tu equipo también tendrá la confianza de que juntos podrán superar cualquier reto.

## 7. Fomenta la responsabilidad y el compromiso

La responsabilidad no solo es admitir los errores, sino también trabajar activamente para corregirlos y evitar que se repitan. Fomenta en tu equipo un sentido de responsabilidad personal por su trabajo y por sus decisiones. Aclara que cada acción tiene una consecuencia y que todos somos responsables no solo de nuestras tareas, sino del impacto de esas tareas en el resto del equipo y en la empresa.

Enseña a tus colaboradores a ser dueños de sus proyectos, a reconocer cuando algo no va bien y a buscar soluciones antes de que los problemas se vuelvan más grandes. Esta responsabilidad compartida fortalece el sentido de pertenencia y el compromiso con el éxito del negocio.

## Conclusión

Un líder no solo dirige; también escucha, comprende y actúa con integridad. La empatía, la sinceridad y la capacidad de conectar con los demás son habilidades esenciales para liderar. La historia que compartí resalta la importancia de ser honesto y transparente, así como de reconocer que el liderazgo se basa en relaciones de confianza construidas a lo largo del tiempo.

Escuchar a tu equipo, ser accesible y demostrar disposición para enfrentar problemas son señales de un liderazgo sólido. Cuando como líder muestras vulnerabilidad, admites errores y trabajas para corregirlos, inspiras a quienes te rodean a hacer lo mismo. Esta habilidad fortalece la cohesión del equipo y refuerza la credibilidad de tu liderazgo ante clientes, socios y colaboradores.

Ahora que entendemos el poder de escuchar y actuar con empatía, es momento de explorar una habilidad que complementa este enfoque. Como líderes, enfrentaremos obstáculos y desafíos que nos pondrán a prueba. No se trata solo de superar problemas; se trata de adaptarnos y utilizar cada tropiezo como un escalón hacia algo más grande.

En el camino del liderazgo, cada desafío nos ofrece la oportunidad de demostrar de qué estamos hechos. Lo que viene a continuación no es solo una herramienta más; es un cambio de perspectiva que puede redefinir cómo enfrentas decisiones importantes en tu vida y negocio. Tal vez creas que ya has aprendido lo necesario, pero lo mejor está aún por venir.

Hay un secreto que separa a los líderes que sobreviven de aquellos que prosperan. Una pieza clave que, cuando se domina, tiene el poder de cambiar el rumbo de cualquier proyecto. ¿Te has preguntado alguna vez qué diferencia a los negocios que crecen de aquellos que se quedan estancados? En las próximas páginas, no solo obtendrás la respuesta, sino también las herramientas para aplicar ese conocimiento en tu vida.

Tómate un momento para reflexionar y prepárate, porque lo que sigue no es solo teoría; es el combustible

que puede llevarte a construir algo extraordinario.
¿Qué tan lejos estás dispuesto a llegar para alcanzar
tu verdadero potencial como líder?

# EL LÍDER QUE SE ADMINISTRA, LIDERA MEJOR

Es fundamental administrar bien tus recursos. De lo que ganes, aparta un 10% para invertir o ahorrar. Si ganas $100 pesos, guarda $10 y los otros $90 úsalos para cubrir tus necesidades y las de tu familia. Ese 10% puede parecer insignificante, pero al cabo de un año, será tu capital para invertir y hacer crecer tu negocio.

Aprendí esto en carne propia. A veces no pude ahorrar ese 10% físicamente, pero siempre lo reinvertimos. De empezar con tres personas, ahora somos 500, llevando ingresos a 500 familias. Hace ocho años éramos solo tres, y hoy el crecimiento es evidente.

Tengo una amiga que hace poco inició su negocio de productos de limpieza y ha crecido bastante. Ella tiene un salario de su empleo principal y no se paga un sueldo de su negocio, lo que le ha permitido reinvertir todas las ganancias. No ha sangrado su negocio; lo ha ido alimentando poco a poco. Ella misma dice: "No he invertido de mi dinero, pero mis ganancias se están reinvirtiendo". Empezó comprando 40 litros de producto y ahora compra 200 litros. Ese negocio, sin duda, va a llegar muy lejos.

Si no puedes reinvertir o ahorrar el 100% de las utilidades, al menos hazlo con el 10%. Recuerda que siempre hay gastos: renta, luz, salarios, y aunque después de pagar todo te queden solo 100 pesos, guárdalos. Si los guardas, no ganan nada; la clave es reinvertirlos.

La filosofía de todo emprendedor debería ser como la del hombre más rico de Babilonia. En el libro, él y sus amigos, que seguían en la pobreza, se preguntaban cómo había logrado prosperar si todos habían crecido en las mismas condiciones. La enseñanza que él les da es clara: por cada diez monedas que ganes, aparta una y ahorra. Después de diez años, invierte esas monedas ahorradas y deja que los intereses crezcan, pero sigue ahorrando incluso de esos intereses.

Es una cultura y educación financiera que también Robert Kiyosaki menciona en sus libros. La administración de recursos es clave: apartar el 10%, ahorrarlo y luego invertirlo para generar más. Esta práctica no solo preserva tus finanzas, sino que asegura el crecimiento constante de tu negocio.

Ahora, quizá alguien diga, "¿Qué recomendación me puedes dar si soy nuevo en el negocio? Estoy comenzando desde cero, no estoy apartando nada, incluso estoy perdiendo dinero y mis ingresos son bajos. Como emprendedor, estoy batallando, sin grandes ganancias. ¿Cómo puedo tener un buen liderazgo y una buena administración de mis finanzas para aguantar esta etapa? ¿Qué puedo hacer para dominar la necesidad de gastar todo el dinero?".

Primero, cuando pongas un negocio, divide tu capital en dos. Si tienes $200,000.00 pesos, tu negocio debe costarte solo $100,000.00 pesos. Aunque tengas $200,000.00, no inviertas todo en el negocio, porque mientras alcanzas el punto de equilibrio, el negocio seguirá necesitando recursos. Si gastas todo tu capital desde el inicio, no tendrás nada para sostener el negocio cuando lo necesite.

Muchos emprenden de manera empírica, pero los expertos en negocios saben que es necesario tener capital de reserva para solventar el negocio hasta llegar al punto de equilibrio. El punto de equilibrio es cuando el negocio se mantiene por sí solo; no te está pidiendo más dinero, pero tampoco te está generando utilidades. A partir de ahí, empiezas a despegar hasta llegar al retorno de inversión.

El retorno de inversión es cuando el negocio ya te ha devuelto todo lo que invertiste inicialmente. Por ejemplo, si invertiste $200,000.00 pesos y logras recuperar esa cantidad, ahora tienes un negocio valorado en $200,000.00 pesos y una ganancia de $200,000.00 pesos. Es entonces cuando se puede decir que el negocio es fructífero.

Después de alcanzar el punto de equilibrio, empieza a separar el 10% de las utilidades. Supongamos que tu inversión fue de $200,000.00 pesos y el negocio comienza a generar $20,000.00 pesos al mes; de esos, aparta $2,000.00 para ahorrar. Los $18,000.00 restantes serán para cubrir todos los gastos: luz, renta, mantenimiento, salarios, internet, equipo de cómputo, mobiliario, tu comida y las necesidades de tu familia.

La clave es mantener una disciplina financiera: separar el 10% para ahorrar e invertir, y administrar cuidadosamente el resto para asegurar que el negocio se mantenga estable y siga creciendo. Debo administrar correctamente mis recursos, porque es mi único ingreso. Mi familia vive de esto, pero no puedo gastar los $20,000.00 pesos ni usar los $2,000.00 que sobran para irme de fiesta. Ese 10% debo ahorrarlo.

¿Por qué? Porque en algún momento voy a necesitar reinvertir o inyectar más dinero al negocio. Supongamos que ya tienes la imprenta de la que hablamos anteriormente, y tu negocio va muy bien. Imprimías 2,000 libros al mes, pero ahora un cliente grande confía en ti y te pide imprimir 10,000 libros al mes. La máquina que tienes no será suficiente y tendrás que invertir en otra máquina.

Muchos emprendedores dicen que tienen que vivir al día. Sí, debemos vivir al día, pero también hay que apartar ese 10% de lo que ingresemos. Algunos me dicen: "Es que no me pago." Ok, no tienes que pagarte al principio. Llegará un momento en que el negocio te dará para pagarte un salario, para irte de viaje, para comprar un vehículo nuevo o una casa. También llegará el momento en que el negocio te permitirá que tus hijos estudien en las mejores universidades. Pero ese momento no será a corto plazo.

El retorno de inversión de un buen negocio toma entre 24 a 36 meses, es decir, de dos a tres años. Durante ese tiempo, es cuando los emprendedores más batallan, y las estadísticas muestran que muchos negocios cierran antes de cumplir un año. Sin embargo, si llegas al tercer año, es cuando empiezas a ver el verdadero futuro del negocio.

He visto negocios que comenzaron mucho antes que el mío y siguen igual, mientras que otros que comenzaron después están ahora mejor. Existen diferentes enfoques y perfiles, pero también he visto negocios que cerraron porque no lograron mantenerse. Esto depende de muchos factores: social, político, económico, e incluso del clima.

Este año, por ejemplo, fue más caluroso en México que los anteriores. Hoteles en zonas frescas que no subían de 18 grados ahora llegaron a 30 y tuvieron que invertir en aires acondicionados o cerrar. Restaurantes que no adaptaron su forma de venta durante la pandemia también cerraron.

Ese 10% siempre debe ser para un caso crítico, para reinvertir, o para un día disfrutar los frutos de tu esfuerzo.

## Liderazgo financiero para guiar con éxito

Ahora, ¿cómo puedo aplicar el liderazgo en la administración de mis recursos? ¿Cómo puedo ser un mejor líder gestionando mi dinero?

Primero, un buen líder debe saber gestionar los recursos con visión a largo plazo. Ser líder en la administración del dinero implica tomar decisiones con disciplina y responsabilidad. No se trata solo de generar ingresos, sino de saber cómo distribuirlos sabiamente para garantizar la estabilidad y el crecimiento del negocio y del equipo. Es liderar con el ejemplo: demostrar que cada peso cuenta y que una administración cuidadosa es clave para el éxito.

¿Cómo puedo hacerlo? Necesito entender dónde encaja el liderazgo dentro de la administración financiera. Si como empresario soy malo para administrarme, ¿cómo puedo ser un mejor líder manejando mi dinero?

Regresemos a la definición de liderazgo: el líder es quien enseña, quien motiva, quien siempre va un paso adelante y visualiza. Un líder tiene que ser el mejor administrador. Si no sabes administrar, ¿qué tienes que hacer?

Si ya sabes que eres un líder y te gusta el béisbol, tienes buen ojo para identificar cuándo el pitcher lanzará una bola que puedes conectar, pero tu problema es que no tienes fuerza en los brazos y no logras volar la bola más allá de tercera base, ¿qué haces? Trabajas en el gimnasio para fortalecer tus brazos.

De la misma forma, si eres un líder, ya sabes que la organización depende de ti, que el capital depende de ti y que la buena administración es clave. Si no sabes administrar, toma un curso de educación financiera, lee libros sobre el tema, capacítate.

El líder debe estar en constante preparación y buscar a alguien mejor que él para aprender.

Es necesario tener un mentor, un consejero, o alguien que te guíe y te enseñe a administrar tus recursos. Muchos líderes reconocen sus puntos débiles y buscan apoyo; algunos tienen a sus esposas como administradoras porque saben que las mujeres son excelentes manejando el dinero.

Lo más importante es identificar tus áreas de mejora. Si necesitas aprender a gestionar tus recursos, busca la forma de educarte en ello. No puedes liderar eficazmente si no sabes manejar lo básico: tu dinero.

Para ser un mejor líder, debes fortalecer tu capacidad de administración, ya sea aprendiendo por tu cuenta o buscando a quien te asesore. Administrar bien tus recursos no es solo cuestión de números; es una habilidad de liderazgo que se puede aprender y perfeccionar con disciplina y práctica.

A continuación, te comparto algunas técnicas que puedes aplicar para mejorar tu liderazgo en la administración de tu dinero y de tu negocio. Estas estrategias te ayudarán a fortalecer la visión a largo plazo y a manejar con sabiduría cada peso que entra y sale de tu negocio.

## 1. Crea un presupuesto detallado y adáptalo

Un buen líder siempre sabe con precisión cuánto tiene, cuánto gasta y cuánto puede invertir. El primer paso para administrar bien tus recursos es crear un presupuesto detallado que incluya todos los ingresos y gastos de tu negocio y de tu hogar. Divide tus finanzas en categorías: operativas, personales y de inversión.

Revisa tu presupuesto mensualmente y ajusta lo que sea necesario. Si ves que algún gasto se está disparando o que no estás alcanzando tus metas de ahorro, ajusta tu estrategia en lugar de seguir haciendo lo mismo. Esto es liderar con adaptación: estar dispuesto a ajustar el curso para mantener el control financiero.

## 2. Implementa la regla del 10% como norma inquebrantable

Ya hemos hablado de la importancia de apartar un 10% de tus ingresos para ahorrar o invertir, pero la clave está en hacerlo una regla inquebrantable. Trata este 10% como un gasto fijo y no como algo opcional. Este hábito, por más pequeño que parezca, tiene un impacto gigante en tu capacidad para crecer y reinvertir.

Si comienzas a tratar ese 10% como sagrado, verás que tu perspectiva financiera cambia. Ese ahorro se convierte en una reserva que no solo te dará tranquilidad, sino que te permitirá aprovechar oportunidades cuando surjan. Y como líder, tener reservas te coloca en una posición de fuerza y no de vulnerabilidad.

## 3. Capacítate en educación financiera

Un líder no puede manejar lo que no entiende. Dedica tiempo a formarte en educación financiera, ya sea a través de libros, cursos, o asesorías con expertos. No se trata solo de saber sumar y restar; se trata de entender conceptos como el flujo de efectivo, la inversión, la contabilidad básica, y cómo interpretar los estados financieros de tu negocio.

Un líder con educación financiera es un líder empoderado, capaz de tomar decisiones con conocimiento y no solo con corazonadas. Busca mentorías, escucha podcasts de finanzas, y mantente al tanto de las tendencias económicas que puedan afectar tu negocio.

## 4. Rodéate de personas expertas y aprende de ellas

Como mencionamos antes, no tienes que saberlo todo, pero sí necesitas a las personas correctas a tu lado. Si la administración de recursos no es tu fuerte, encuentra a alguien que te asesore. Un buen contador, un asesor financiero o un administrador pueden convertirse en tus aliados estratégicos.

Rodéate de personas que complementen tus debilidades y que estén dispuestas a enseñarte. Escucha sus recomendaciones y no temas preguntar. Un buen líder es humilde para aceptar lo que no sabe y aprender de los que sí saben.

## 5. Implementa revisiones financieras periódicas

Realiza revisiones periódicas de tu situación financiera, ya sea semanal, quincenal o mensual. Esto no solo te permite tener un control constante, sino también detectar problemas a tiempo y corregirlos antes de que se conviertan en grandes obstáculos.

En estas revisiones, asegúrate de evaluar si estás cumpliendo con el ahorro del 10%, si los gastos están alineados al presupuesto y si tus inversiones están dando los rendimientos esperados. Tener estos check-ups financieros te mantendrá siempre informado y preparado para tomar decisiones.

## 6. Controla los gastos emocionales y las decisiones impulsivas

Muchos de los errores financieros ocurren por decisiones emocionales: compras por impulso, gastos innecesarios o inversiones sin análisis. Un líder tiene que aprender a dominar sus emociones y a ser racional en la gestión de su dinero.

Antes de hacer una compra o una inversión, pregúntate si realmente es necesaria y si está alineada con tus objetivos. Una de las mayores fortalezas de un líder es tener autocontrol y saber postergar la gratificación cuando es necesario para el bien mayor del negocio.

## 7. Fija objetivos financieros claros y medibles

No puedes liderar tus finanzas sin una meta clara. Fija objetivos financieros para tu negocio y para ti mismo: cuánto quieres ahorrar este año, cuánto deseas generar de ingresos, cuándo alcanzarás el punto de equilibrio, etc. Estos objetivos deben ser específicos, medibles y alcanzables.

Un líder con objetivos claros siempre tendrá una dirección y un propósito, lo que le permitirá motivar a su equipo a seguir adelante, aun en momentos difíciles. Recuerda que estos objetivos deben ser revisados y ajustados conforme cambien las circunstancias.

## 8. Desarrolla la paciencia financiera

No todo lo que brilla es oro inmediato. Muchos emprendedores quieren ver resultados rápidos y se desesperan cuando no los obtienen. Sin embargo, la administración de recursos es un juego a largo plazo. Aprende a tener paciencia y a respetar los tiempos de maduración de tu negocio.

No te desesperes por gastar las utilidades que apenas empiezan a llegar. Reinvierte, fortalece tu estructura y, cuando el momento sea el correcto, podrás disfrutar de los frutos de tu esfuerzo sin poner en riesgo lo que tanto te costó construir.

## Conclusión

Con cada paso en el camino del emprendimiento, gestionar tus recursos no es solo un acto de disciplina, sino una herramienta de liderazgo que define el futuro de tu negocio. Administrar adecuadamente no se limita a ahorrar dinero; implica dirigir con visión, preparar tu empresa para el crecimiento y resistir en tiempos difíciles. A lo largo de este capítulo, hemos aprendido que ser un líder eficiente no es un lujo, sino una necesidad. Es lo que marca la diferencia entre sobrevivir y prosperar, entre estancarse o construir un legado duradero.

Ahora, tómate un momento para reflexionar. Piensa en cada decisión financiera que has tomado y cómo han impactado tu negocio. ¿Has gestionado tus recursos con la visión a largo plazo que necesita tu equipo? Si no lo has hecho, no te preocupes; siempre hay tiempo para aprender, ajustar y mejorar. Recuerda que no estás solo en este proceso; cada emprendedor enfrenta estos desafíos, pero quienes triunfan son aquellos que eligen liderar, no solo con números, sino con propósito.

Sin embargo, liderar no se trata solo de administrar

bien tus recursos. Existe algo aún más profundo, una clave que transforma a los líderes comunes en extraordinarios. Es una habilidad que trasciende el dinero y los números; es la capacidad de mantener una mente abierta y crecer con cada experiencia.

Antes de pasar a la siguiente página, te invito a dar el siguiente paso conmigo. ¿Estás listo para avanzar y descubrir lo que puede transformar por completo tu camino como líder? Veamos juntos cómo cultivar una gran ventaja en el liderazgo. Avancemos al próximo capítulo...

Te quiero hablar de un hombre que se convirtió en uno de los empresarios más admirados no solo en México, sino en todo el mundo. Este hombre es Carlos Slim Helú. Probablemente has escuchado su nombre en más de una ocasión, pero pocos conocen cómo su filosofía de aprendizaje continuo fue clave para su éxito.

Carlos Slim no solo es reconocido por su fortuna, sino por su mentalidad de liderazgo y su hambre constante de aprender. Nació en 1940 en la Ciudad de México, y desde muy pequeño, su padre, Julián

Slim Haddad, le inculcó la importancia de la educación financiera y el aprendizaje constante. A los 12 años, Carlos ya estaba comprando sus primeras acciones, y a los 15 años, tenía su primer empleo en el banco de su padre. Imagínate, un adolescente aprendiendo cómo funciona el mundo de los negocios en la vida real.

Pero lo más interesante no es solo cómo empezó, sino cómo Slim nunca dejó de aprender. A pesar de estudiar ingeniería civil en la Universidad Nacional Autónoma de México (UNAM), su curiosidad no tenía límites. Slim leía constantemente libros sobre economía, administración, historia y filosofía. Sabía que no podía conformarse con lo que aprendía en la escuela; él quería ir más allá.

En 1982, México atravesó una crisis económica brutal. Muchas empresas estaban en quiebra, y mientras muchos empresarios se paralizaban por el miedo, Slim aprovechó la oportunidad para comprar compañías a precios bajísimos. Pero no fue suerte, querido lector; Slim se preparó para ese momento. Pasaba horas estudiando los mercados, las tendencias económicas y analizando cómo los grandes empresarios de la historia habían superado las crisis. No dejó de estudiar y, sobre todo, de rodearse de personas que sabían más que él en áreas específicas.

Recuerdo una anécdota que ilustra su compromiso con el aprendizaje continuo. Lo vi durante una entrevista, Slim mencionó que al igual que Ford, siempre tenía un grupo de asesores expertos en cada tema importante para su empresa. Él sabe también que no puede saberlo todo, pero puede rodearse de los que saben y aprender de ellos cada día.

Esto es algo que también me aplico. Y te lo quiero transmitir a ti: no importa si empiezas desde abajo o si tienes todo en contra, nunca dejes de aprender. Carlos Slim nos mostró que no se trata solo de estar en el lugar correcto en el momento adecuado;

se trata de estar preparado para cuando llegue esa oportunidad. Él no se quedó con los conocimientos básicos que adquirió en la escuela; su formación fue constante, todos los días, incluso cuando ya estaba en la cima.

Carlos Slim solía decir que "La educación no solo es un derecho, sino una obligación". Y en su caso, no era solo una frase bonita; era una forma de vida. Asistía a conferencias, leía incansablemente y, lo más importante, escuchaba a su equipo. Uno de sus mantras era: "Lo único que necesitamos para poder crecer es nuestra mente y la de los demás". Esta mentalidad lo llevó a convertirse en uno de los hombres más ricos y sabios de nuestro tiempo.

Pero aquí no estamos hablando solo de dinero. Slim nos enseñó que el verdadero poder del aprendizaje continuo es adaptarse a los cambios y encontrar soluciones en los momentos de crisis. Si un hombre que ya lo tenía todo seguía buscando nuevas formas de aprender, ¿por qué nosotros no haríamos lo mismo?

Y no me malentiendas; no se trata de que todos seamos Carlos Slim o que tengamos que leer cientos de libros al año. Se trata de adoptar esa mentalidad de aprendizaje activo, de nunca creer que ya lo sabemos todo. Slim no llegó a ser el líder que es hoy solo por la suerte o por su inteligencia; llegó por su compromiso con aprender todos los días.

Aprender de las personas que te rodean cada día es clave. Hace dos años, conocí a un contador porque necesitaba cambiar de despacho contable. En esa entrevista, aprendí más de lo que hubiera aprendido en un máster. Este contador dominaba cada tema a la perfección, explicando con ejemplos claros y prácticos. Sin que firmáramos un contrato, empezó a compartir herramientas y estrategias contables y fiscales que podía aplicar de inmediato en mis empresas.

Hoy en día, su despacho, DM Servicios, es el que lleva toda la asesoría de mis empresas. Daniel Aguilar, el contador, se ha vuelto como un hermano para mí y también mi guía financiero; gracias a él, he aprendido a entender mejor los números y las estrategias fiscales.

Ahora, no basta con admirar las historias de éxito; es necesario poner manos a la obra y convertir esa inspiración en acción concreta. Quiero darte algunas técnicas y consejos que puedes implementar para que la formación continua y el aprendizaje activo se conviertan en parte de tu rutina diaria y te ayuden a fortalecer tu liderazgo.

## 1. Rodéate de expertos y aprende de ellos

Una de las claves que ya vimos en la historia de Slim y de Ford, es rodearse de personas más inteligentes y preparadas en áreas específicas. Tú, como líder, no tienes que saberlo todo, pero sí debes saber a quién acudir cuando necesitas resolver un problema o aprender algo nuevo. Busca mentores, asesores y expertos que puedan guiarte. No tienes que pagar siempre por sus consejos; a veces, una buena conversación con alguien experimentado vale más que cualquier curso.

Por ejemplo, si no sabes cómo manejar tus finanzas empresariales, busca a un buen contador o asesor financiero, como yo lo hice. Aprende de él, pregunta, cuestiona, y absorbe todo el conocimiento que puedas. Hazlo parte de tu estrategia. No se trata solo de delegar, sino de aprender lo suficiente para tomar decisiones informadas.

## 2. Establece un plan de aprendizaje personalizado

No dejes tu formación al azar. Diseña un plan que se ajuste a tus necesidades y objetivos. Define qué áreas necesitas fortalecer y establece metas claras. Si necesitas mejorar tu liderazgo, busca libros, cursos o talleres sobre el tema. Si tu debilidad es la gestión financiera, enfócate en aprender sobre finanzas. No se trata de abarcarlo todo, sino de ser estratégico en lo que decides aprender.

Dedica tiempo cada semana a tu formación. No importa si es media hora al día o tres horas los fines de semana; lo importante es ser constante. Si organizas tu tiempo, siempre encontrarás un espacio para dedicarte a tu crecimiento.

## 3. El poder de los libros y la lectura constante

Los libros son una fuente inagotable de conocimiento y no requieren de grandes inversiones de tiempo o dinero. Haz una lista de los temas que quieres dominar y busca libros que se alineen con esos objetivos. Autores como John Maxwell, Robert Kiyosaki, y Napoleon Hill son referentes en liderazgo, finanzas y emprendimiento. Cada libro es como sentarte a conversar con un experto y absorber sus conocimientos.

Forma el hábito diario de la lectura. Incluso si solo lees 10 o 15 páginas al día, al final del mes habrás terminado un libro completo. Imagina el impacto de leer 12 libros al año sobre temas clave para tu negocio y liderazgo. Es como tener 12 mentores guiándote en el camino.

## 4. Escucha podcasts y audiolibros

Si tu tiempo es limitado, aprovecha los momentos muertos, como los traslados o el tiempo en el gimnasio, para escuchar podcasts o audiolibros. Hay cientos de opciones gratuitas y de pago sobre liderazgo, negocios, finanzas y desarrollo personal. Esto te permitirá seguir aprendiendo sin sacrificar tiempo de trabajo o familia.

Los podcasts son especialmente útiles porque suelen ser conversaciones actuales sobre temas que afectan a los líderes de hoy. Es una manera de mantenerte al día con las tendencias y aprender de las experiencias de otros empresarios y líderes.

## 5. Aplica lo aprendido inmediatamente

No basta con absorber información; el verdadero aprendizaje ocurre cuando pones en práctica lo que has aprendido. Cada vez que leas algo nuevo o recibas un consejo de un mentor, busca aplicarlo en tu negocio lo antes posible. Si aprendes una nueva técnica de gestión, impleméntala con tu equipo. Si descubres una estrategia financiera, ajústala a tu realidad y ponla en marcha.

El aprendizaje activo no es solo leer y escuchar; es experimentar y ajustar. No temas equivocarte; cada error es una lección más en tu proceso de formación.

## 6. Participa en conferencias y talleres

Las conferencias y talleres son una excelente forma de aprender y conectar con otros líderes. Te permiten interactuar directamente con expertos, hacer preguntas y compartir experiencias con otros emprendedores. Además, muchas veces estos eventos incluyen actividades prácticas que te ayudan a internalizar lo aprendido.

No lo veas como un gasto, sino como una inversión en tu crecimiento personal y empresarial. La retroalimentación y el conocimiento que obtienes en estos espacios son invaluables.

## 7. Crea un entorno de aprendizaje en tu empresa

No solo te enfoques en tu propio aprendizaje; fomenta una cultura de formación continua en tu equipo. Invita a tus colaboradores a leer, a asistir a cursos, y a capacitarse constantemente. Un líder no solo aprende para sí mismo, sino que impulsa a su equipo a hacer lo mismo. Cuando todos crecen, el negocio crece con ellos.

Realiza sesiones de aprendizaje en tu empresa donde todos puedan compartir lo que han aprendido y cómo aplicarlo en sus roles. Esto no solo fortalece el conocimiento del equipo, sino que también fomenta la unión y la colaboración.

## Conclusión

El camino del liderazgo es un viaje continuo. En este capítulo, hemos aprendido que la clave no radica solo en el destino, sino en quién decides ser durante el recorrido. Carlos Slim nos ha enseñado que el aprendizaje no tiene límites y que la curiosidad es un motor poderoso para superar los retos más difíciles. Adoptar una mentalidad de estudiante transforma tu liderazgo y te prepara para enfrentar cualquier desafío con una mente abierta y dispuesta a adaptarse.

Cada herramienta que incorporas, cada lección que aprendes y cada mentor que escuchas son piezas de un rompecabezas más grande. No importa dónde te encuentres ahora; lo fundamental es el compromiso que adquieres contigo mismo para crecer y mejorar cada día. Sin embargo, aquí no termina la historia. Incluso el líder más preparado necesita más que conocimiento: requiere la capacidad de ajustar su rumbo cuando los vientos cambian.

Así que, antes de continuar, quiero que reflexiones: ¿estás listo para dar el siguiente paso? En el próximo capítulo, exploraremos una habilidad que no solo te ayudará a enfrentar imprevistos, sino que te permitirá convertir cada desafío en una oportunidad para crecer. Prepárate para descubrir cómo los mejores líderes no solo sobreviven a los cambios, sino que prosperan gracias a ellos. Una de las grandes fortalezas de un líder radica en su capacidad para encontrar el camino, incluso en los momentos más inciertos. Sigue leyendo y descubre qué es…

# CAPÍTULO 11: ESTRATEGIA 7
# EL ARTE DE ADAPTARSE

Cuando hablamos de resiliencia y adaptación en los negocios, no puedo evitar pensar en Howard Schultz, el hombre detrás del éxito de Starbucks. Schultz no solo creó una marca icónica, sino que también mostró al mundo cómo enfrentar los desafíos, reinventarse y adaptarse constantemente, incluso cuando todo parecía estar en contra.

Howard Schultz nació en Brooklyn, Nueva York, en una familia de bajos recursos. Su padre trabajaba en distintos empleos mal pagados y sin beneficios, lo que marcó profundamente a Howard y lo motivó a buscar un futuro diferente. Desde pequeño, Schultz entendió lo que era vivir con limitaciones y observar cómo sus padres luchaban por salir adelante, lo que sembró en él la semilla de la superación.

Después de graduarse de la universidad, Schultz comenzó a trabajar en Xerox, donde desarrolló habilidades en ventas y se destacó por su talento para los negocios. Sin embargo, fue cuando se unió a una pequeña empresa de café en Seattle llamada Starbucks, que su vida dio un giro. En ese momento, Starbucks solo vendía granos de café de alta calidad y equipos para prepararlo en casa, pero Schultz vio un potencial mucho mayor.

Durante un viaje a Italia, Schultz se enamoró del concepto de las cafeterías italianas, donde los baristas preparaban el café con maestría y las tiendas se convertían en puntos de encuentro para la comunidad. Volvió a Estados Unidos con una visión clara: transformar Starbucks en un lugar donde la gente no solo comprara café, sino donde se viviera una experiencia completa.

Sin embargo, sus ideas no fueron bien recibidas por los fundadores de Starbucks, quienes pensaban que Schultz se estaba desviando del concepto original. En lugar de rendirse, Schultz decidió abrir su propia cadena de cafeterías, Il Giornale, para demostrar que su modelo de negocio funcionaba. No fue fácil; enfrentó la falta de capital y tuvo que pedir préstamos a amigos y familiares para mantener su sueño a flote. La resiliencia y la adaptabilidad de Schultz se hicieron evidentes cuando, en lugar de darse por vencido ante las dificultades financieras, buscó nuevas formas de atraer clientes y mejorar su oferta.

Con el tiempo, Il Giornale tuvo éxito, y cuando los fundadores de Starbucks decidieron vender la empresa, Schultz no lo dudó: compró Starbucks y fusionó ambas compañías. A partir de ese momento, Schultz enfrentó innumerables desafíos. Desde las dificultades para expandirse en un mercado dominado por cadenas gigantes, hasta la crisis financiera de 2008, que afectó severamente las ventas de Starbucks. En lugar de recortar gastos de manera drástica y sacrificar la calidad, Schultz decidió cerrar temporalmente cientos de tiendas para reentrenar a sus baristas, asegurando que cada café servido fuera perfecto. Fue una decisión arriesgada, pero demostró su compromiso con la calidad y la experiencia del cliente.

La historia de Schultz es un ejemplo poderoso de cómo un líder debe adaptarse, aprender de sus fracasos y mantener la resiliencia ante las adversidades. Cada obstáculo en su camino fue una lección, y cada fracaso, una oportunidad para reinventarse y mejorar. En lugar de ver los problemas como barreras insuperables, Schultz los vio como desafíos que fortalecerían a su empresa y la harían más competitiva.

Hoy en día, Starbucks es mucho más que una cadena de cafeterías; es un fenómeno global que cambió la forma en que el mundo consume café. Y todo esto fue posible gracias a la capacidad de adaptación y la resiliencia de un hombre que nunca dejó de creer en su visión, incluso cuando otros no la compartían.

Schultz no solo lideró con visión, sino también con el corazón. Entendió la importancia de conectar con sus empleados, a quienes llama "socios", y ofrecerles oportunidades de crecimiento dentro de la empresa. Esa misma empatía y humanidad que mostró hacia sus colaboradores fue la que le permitió conectar con millones de clientes en todo el mundo.

La historia de Howard Schultz nos enseña que el verdadero liderazgo no solo se trata de tener una gran idea, sino de tener la capacidad de adaptarse, de aprender de cada caída, y de levantarse con más fuerza. En los negocios, como en la vida, los fracasos son inevitables, pero la forma en que los enfrentamos es lo que define nuestro camino. La resiliencia no es solo una característica deseable, es una necesidad para cualquier líder que aspire a dejar su huella.

Con esto, nos queda claro que la resiliencia y la capacidad de adaptación de Howard Schultz son fundamentales para cualquier líder. No se trata solo de superar los fracasos, sino de aprender de ellos, adaptarse y usar esas experiencias como una plataforma para el crecimiento. Ahora te voy a compartir cómo puedes aplicar estos principios en tu propia vida y negocio.

## 1. Haz del fracaso tu maestro

El primer gran paso hacia el éxito es comprender que el fracaso no es el enemigo, sino un maestro en el camino. Todo negocio, por más exitoso que sea, pasa por momentos difíciles. Ya sea una mala decisión, una crisis económica o un error de juicio, los fracasos son inevitables. Lo importante no es evitar el fracaso, sino cómo lo afrontas y lo que aprendes de él. En lugar de verlo como un obstáculo, míralo como una lección que te ofrece la oportunidad de mejorar.

Cuando las cosas no salgan como esperabas, hazte estas preguntas: ¿Qué puedo aprender de esto? ¿Qué haré diferente la próxima vez? Tomar tiempo para reflexionar sobre tus fracasos es clave para evitar caer en los mismos errores y convertirlos en pasos hacia el éxito.

## 2. Mantén una mentalidad de crecimiento

La mentalidad de crecimiento es la idea de que siempre puedes mejorar y aprender, sin importar cuántas veces hayas fallado. Schultz no sabía cómo hacer crecer Starbucks cuando comenzó, pero tuvo la mentalidad de aprender y adaptarse continuamente.

Para ti, eso significa estar dispuesto a estudiar, tomar cursos, leer libros, y buscar siempre formas de mejorar.

Nunca pienses que ya lo sabes todo. El mundo cambia rápidamente, y lo que funcionaba ayer puede no funcionar mañana. Mantén una actitud abierta al cambio y busca constantemente nuevas formas de hacer las cosas mejor. Invierte en tu aprendizaje y en el de tu equipo; así, estarás preparado para enfrentar cualquier reto.

## 3. Desarrolla la capacidad de adaptación

La capacidad de adaptación es la habilidad de ajustarte a las nuevas circunstancias sin perder el rumbo. Esto implica ser flexible y estar dispuesto a cambiar tu plan cuando las circunstancias lo exijan. Recuerda, no se trata de seguir un plan rígido a toda costa, sino de ajustar el curso cuando sea necesario.

Imagina que tu negocio enfrenta una caída en las ventas o un cambio en el mercado. En lugar de lamentarte, pregúntate: ¿Cómo puedo ajustar mi enfoque? ¿Qué oportunidades existen en este nuevo panorama? Desarrollar esta capacidad de adaptación te permitirá no solo sobrevivir, sino prosperar en tiempos de cambio.

Con la pandemia del COVID muchos negocios cerraron, sin embargo, para mí fue momento de muchas áreas de oportunidades. Mi empresa de limpieza creció el 200% porque mis clientes necesitaban tener todo limpio y desinfectado y que se trabajaran las 24 horas. Abrimos el laboratorio de insumos de limpieza porque el costo del gel antibacterial, alcohol y cloro se fueron por las nubes y vimos la oportunidad de fabricar nuestros propios productos. Con la necesidad de pruebas de COVID y medicamentos para los que enfermaban, vi la oportunidad de abrir una farmacia.

## 4. Rodéate de personas que te impulsen

Como líder, no puedes hacer todo solo. Necesitas rodearte de un equipo que comparta tu visión y que también tenga la capacidad de adaptarse y ser resiliente. Busca personas que aporten nuevas ideas, que desafíen tu pensamiento y que no tengan miedo de enfrentarse a los retos contigo.

Comparte con tu equipo la importancia de la adaptación y la resiliencia. Fomenta una cultura de aprendizaje constante y permite que cada uno contribuya con sus experiencias y conocimientos. Asegúrate de que todos entiendan que, si bien los fracasos pueden ser dolorosos, también son oportunidades de crecimiento y mejora.

## 5. Establece métodos
## de retroalimentación continua

Para adaptarte y ser resiliente, necesitas retroalimentación constante sobre lo que está funcionando y lo que no. Esto se aplica tanto a ti como líder como a tu equipo y tu negocio. Establece reuniones regulares para discutir los logros y los fracasos, y fomenta un ambiente donde todos puedan hablar abiertamente sobre los desafíos y posibles soluciones.

La retroalimentación te ayudará a ajustar tu estrategia y a identificar áreas de mejora. No se trata de criticar, sino de encontrar formas constructivas de avanzar y adaptarse a las nuevas circunstancias.

## 6. Planifica para lo inesperado

La resiliencia también implica planificar para lo inesperado. No puedes prever cada obstáculo, pero puedes prepararte para enfrentar sorpresas. Crea un plan de contingencia para tu negocio, establece un fondo de emergencia y ten siempre alternativas en mente. Esto no solo te permitirá reaccionar rápidamente ante los problemas, sino también mantener la calma y la confianza cuando las cosas no salgan como esperabas.

Pregúntate: ¿Qué haría si mi principal cliente se va? ¿Qué pasa si el mercado cambia drásticamente? Tener un plan para lo inesperado te hará sentir más seguro y listo para lo que venga.

## 7. Cuida tu bienestar personal

No puedes liderar eficazmente si no cuidas de ti mismo. La resiliencia también se construye desde adentro, cuidando tu salud física, mental y emocional. Aprende a manejar el estrés, dedica tiempo a descansar y no olvides alimentar tu mente con pensamientos positivos. Un líder fuerte y resiliente no solo se preocupa por su negocio, sino también por su bienestar personal.

Cuando las cosas se pongan difíciles, recuerda por qué empezaste. Piensa en tus sueños, tus metas y todo lo que has superado para llegar hasta aquí. Mantén la vista en el futuro y no permitas que los obstáculos te definan.

## Conclusión

Los retos no marcan el fin del camino; son un recordatorio de que cada líder debe ser un eterno aprendiz. Historias como la de Howard Schultz nos enseñan que adaptarse no es solo una habilidad, sino una actitud que determina si sobrevivimos o prosperamos. Tu capacidad para ajustarte a los cambios no solo define tu éxito, sino también la confianza que inspiras en los demás.

La resiliencia, como hemos visto, no es un regalo que llega de la nada; es algo que construimos paso a paso, decisión tras decisión. Como líder, estás llamado a convertir cada caída en un trampolín, cada obstáculo en una lección y cada error en una oportunidad. Para lograrlo, no basta con entender el valor de la adaptación; también necesitas cultivar una disciplina interna que te permita liderarte a ti mismo antes de liderar a otros.

¿Qué tan dispuesto estás a desarrollar esa fortaleza interior? En el próximo capítulo, exploraremos algo que puede ser la clave para desbloquear todo tu potencial. Prepárate, porque lo que se viene no es solo otra estrategia, sino la base de un gran liderazgo. ¿Estás listo para dar el siguiente paso? Veamos cómo puedes desarrollar el motor que impulse tus sueños. ¡Sigamos adelante!...

# LIDERAZGO QUE TRANSFORMA
## Domina los 3 pilares del liderazgo exitoso

Un **verdadero líder** no se mide por su autoridad, sino por su capacidad de **inspirar**, **delegar** y **ejecutar con estrategia**.

En el eBook *Liderazgo que Transforma*, descubrirás cómo fortalecer **la confianza en tu equipo, delegar con propósito** y **enfocarte en lo que realmente genera impacto**.

🔥 *Descárgalo hoy con un descuento especial para lectores de este libro* 🔥

www.SoyJairoGarcia.com/ebook

# CAPÍTULO 12: ESTRATEGIA 8
## AUTOLIDERAZGO Y LA DISCIPLINA DE LA CONSTANCIA

Quiero empezar este capítulo con una historia de alguien a quien tuve el privilegio de conocer personalmente y que se convirtió en una inspiración para mí y muchos otros. Su nombre es Martín, un empresario mexicano que empezó desde cero, como tantos otros, con un pequeño taller de carpintería en su casa. Lo conocí en uno de los talleres que doy sobre liderazgo y constancia, y recuerdo que, al escuchar su historia, supe de inmediato que estaba frente a un hombre que encarnaba una de las lecciones más difíciles de aprender: el autoliderazgo y la disciplina de la constancia.

Martín venía de una familia de escasos recursos, y en lugar de seguir los pasos de sus padres, decidió aventurarse en un camino que pocos en su comunidad se atrevían a recorrer. Compró algunas herramientas básicas, aprendió viendo videos en Internet, y, en sus palabras, "A prueba y error, me fui enseñando a mí mismo." No había días de descanso; trabajaba en su taller de lunes a domingo. Las pocas veces que recibía pedidos, se esforzaba al máximo para cumplir con la calidad que prometía, aunque eso significara noches sin dormir.

Años después, cuando finalmente empezaba a ver los frutos de su esfuerzo, ocurrió lo que nadie esperaba: una crisis financiera golpeó a su negocio. Clientes que le debían dinero comenzaron a retrasarse en los pagos, y las cuentas seguían acumulándose. Aún recuerdo las palabras de Martín en el taller: "Fue ahí cuando descubrí que tenía dos opciones: rendirme o seguir adelante sin importar qué tan difícil se volviera el camino. Decidí levantarme cada mañana y hacer lo que sabía hacer mejor: trabajar con constancia y liderarme a mí mismo."

Martín no tenía a nadie que le diera un consejo, ni un socio en quien apoyarse. Cada día era una lucha entre él y sus pensamientos, entre la frustración y la fuerza interna. Pero se mantuvo constante, liderándose con disciplina y recordándose todos los días por qué había empezado. Hoy, su empresa cuenta con más de 50 empleados y es una de las proveedoras de muebles más importantes en su estado. Su historia es una prueba viva de que el autoliderazgo y la disciplina de la constancia son la base de cualquier éxito duradero.

Ahora bien, ¿qué podemos aprender de personas como Martín? Lo que me queda claro, y quiero transmitirte, es que liderar no solo implica dar instrucciones o inspirar a otros. Primero, debes aprender a liderarte a ti mismo. Sin ese autoliderazgo, cualquier proyecto, sueño o meta quedará a medias. Porque el verdadero éxito empieza en el interior, en esa voz que, a pesar de los tropiezos, te dice cada mañana: "Sigue adelante".

## La disciplina de la constancia y el autoliderazgo

Cuando piensas en un líder, quizá imaginas a alguien dando órdenes, inspirando a un equipo, tomando decisiones estratégicas desde una oficina. Pero el verdadero liderazgo comienza en el autoliderazgo, en aprender a dominarte a ti mismo antes de intentar influir en los demás. El autoliderazgo es la capacidad de motivarte, de fijarte metas claras, y de seguir adelante sin importar los obstáculos.

Para llegar a esa disciplina de constancia, es necesario un enfoque que te mantenga comprometido día tras día. El autoliderazgo no es algo que se logre una sola vez y para siempre; se construye cada día, con cada decisión y con cada pequeño paso hacia tus metas.

Ahora te comparto algunas técnicas que te ayudarán a fortalecer tu autoliderazgo y a cultivar la disciplina de la constancia en tu negocio y en tu vida.

## Técnicas para desarrollar el autoliderazgo y la constancia

### 1. Define tus objetivos de manera concreta

Muchos emprendedores tienen metas vagas como "Quiero ser exitoso" o "Quiero ganar más dinero." Pero la clave del autoliderazgo es tener objetivos claros, específicos y alcanzables. ¿Quieres duplicar las ventas en tu negocio? ¿Quieres desarrollar una nueva línea de productos? Establece una meta concreta y luego divide ese objetivo en pasos pequeños y alcanzables. Saber exactamente qué deseas alcanzar te dará un enfoque que te mantendrá firme, incluso cuando las cosas se pongan difíciles.

## 2. Mantén la visión a largo plazo, pero enfócate en el presente

Imagina que quieres llegar a la cima de una montaña. Sabes que está ahí, pero no te concentras en la cima cada segundo del ascenso. En su lugar, te enfocas en cada paso que das. Lo mismo sucede con el liderazgo y la constancia. Mantén siempre la visión a largo plazo, esa imagen clara de lo que quieres lograr. Sin embargo, enfócate en el presente, en cada tarea diaria, en cada pequeño logro, porque es en esos detalles donde construyes el camino hacia tus metas.

## 3. Construye tu disciplina día a día

La verdadera disciplina es hacer lo que se necesita, incluso cuando la motivación no está de tu lado. Si tu objetivo es hacer crecer tu negocio, entonces cada día debes tomar al menos una acción que te acerque a esa meta. Puede ser hacer llamadas a nuevos clientes, mejorar tus productos, o aprender algo nuevo que te ayude a liderar mejor. Cada pequeña acción suma, y cada día que cumples tus compromisos, fortaleces esa disciplina que te mantendrá constante.

## 4. Aprende a controlar tus pensamientos

Tus pensamientos son los que te motivan o te detienen. Si permites que el miedo, la duda y la negatividad te dominen, será difícil mantenerte constante. Un líder sabe que sus pensamientos son poderosos, y aprende a controlarlos. Cuando sientas que las dudas te asaltan, recuerda por qué empezaste, recuerda a dónde quieres llegar, y sigue adelante. La autoconfianza se construye con cada pequeño paso hacia tus metas, incluso en los días en los que parezca que no avanzas.

## 5. Rodéate de inspiración y ejemplos de éxito

Estar rodeado de personas que te inspiren, que te muestren que es posible lograr lo que te propones, es fundamental. Lee libros de empresarios exitosos, asiste a conferencias, y busca mentores que te impulsen a seguir adelante. En cada conferencia que doy, comparto no solo estrategias de negocio, sino también historias reales de empresarios que, con esfuerzo y constancia, han superado obstáculos impresionantes. Al escuchar estas historias, te darás cuenta de que no estás solo, y que otros han pasado por caminos similares al tuyo.

## 6. Sé paciente y celebra los pequeños logros

El éxito no llega de un día para otro. A veces nos impacientamos, queremos resultados inmediatos, y cuando no los obtenemos, nos desmotivamos. Pero el autoliderazgo y la constancia requieren paciencia.

Aprende a celebrar los pequeños logros, esos pasos intermedios que te acercan cada día a tu meta. Reconoce tus esfuerzos y mantén la calma; el éxito llega para aquellos que saben esperar y no pierden de vista sus objetivos.

## Conclusión

En mi experiencia, aquellos que saben liderarse a sí mismos son los que llegan más lejos. Porque el verdadero éxito no se mide solo en ganancias o en el tamaño de una empresa; el verdadero éxito se construye desde adentro, en esa fortaleza y determinación que demuestras cada día. Recuerda la historia de Martín, quien, a pesar de los obstáculos, nunca perdió la constancia ni dejó de liderarse a sí mismo. Él es un ejemplo vivo de lo que puedes lograr si desarrollas tu autoliderazgo y practicas la disciplina de la constancia.

Ahora, querido lector, estás listo para dar el siguiente paso. Has aprendido a liderarte, a ser constante y a construir una base sólida para tu negocio. En el próximo capítulo, vamos a profundizar en otro aspecto esencial para el liderazgo: una habilidad que no solo te ayudará a conectar con tu equipo, sino que te permitirá liderar de una manera más poderosa y efectiva.

No te detengas ahora. Lo mejor está por venir, y estás a un paso de descubrir el siguiente nivel de tu liderazgo.

# DESARROLLAR LA INTELIGENCIA EMOCIONAL COMO LÍDER

Quiero comenzar este capítulo con una historia que, personalmente, me impactó y me dejó una lección profunda sobre la importancia de la inteligencia emocional en el liderazgo. Hace unos años conocí a Sara, una emprendedora que había creado una pequeña empresa de diseño gráfico en su ciudad. Era una mujer brillante, con ideas innovadoras y un talento indiscutible. Sin embargo, en su trayectoria, no todo había sido fácil.

En sus primeros años, su negocio creció rápidamente, atrayendo a grandes clientes y generando un equipo sólido de colaboradores. Pero, al igual que ocurre en cualquier negocio, empezaron a surgir problemas. Uno de sus empleados más importantes, quien lideraba el departamento de producción, cometió un error costoso que afectó a uno de sus clientes más grandes. La situación se volvió tensa, y en lugar de abordar el problema con calma, Sara se dejó llevar por la ira y el estrés. Regañó duramente a su empleado frente a todo el equipo, sin pensar en las repercusiones emocionales de su reacción.

Aquel episodio afectó la confianza del equipo y generó un ambiente de trabajo tenso. La mayoría de sus colaboradores, que antes se sentían motivados, comenzaron a distanciarse. Incluso algunos pensaron en renunciar. Sin embargo, Sara, en lugar de ignorar lo sucedido, tomó el tiempo para reflexionar y entender que su reacción no había sido la mejor. Reconoció que su falta de control emocional estaba afectando no solo el clima laboral, sino también el crecimiento de su empresa. Con esta revelación, decidió trabajar en su inteligencia emocional y buscar ayuda para entender mejor sus emociones.

A partir de ese momento, Sara empezó a ser más consciente de sus emociones y a manejarlas de manera positiva. Aprendió a mantener la calma en situaciones de estrés, a escuchar a su equipo antes de reaccionar y a expresar sus inquietudes de forma constructiva. Poco a poco, su equipo volvió a confiar en ella, y el ambiente laboral mejoró significativamente. Su empresa no solo se recuperó, sino que creció aún más, gracias al respeto y la lealtad que había construido con su equipo.

La historia de Sara nos muestra que el éxito de un líder no depende solo de su inteligencia o habilidades técnicas. La inteligencia emocional es, en muchos casos, el factor decisivo que define si una empresa prospera o fracasa. Ser líder no es solo una cuestión de tomar decisiones estratégicas; es, ante todo, saber gestionar tus propias emociones y las de tu equipo.

## ¿Por qué la inteligencia emocional es clave en el liderazgo?

La inteligencia emocional es la habilidad de identificar, entender y gestionar tanto tus propias emociones como las de quienes te rodean. En el mundo de los negocios, las decisiones se toman con base en datos y estrategias, pero el impacto de esas decisiones está ligado a las emociones de quienes las ejecutan. Un líder emocionalmente inteligente puede enfrentar conflictos sin perder la compostura, motivar a su equipo incluso en los momentos difíciles y crear un ambiente de trabajo en el que todos se sientan valorados.

Como líderes, nuestra responsabilidad es mantener la calma, incluso en momentos de crisis, y ofrecer una guía que inspire confianza. La inteligencia emocional te permite construir relaciones fuertes con tu equipo, ya que no solo se trata de lo que haces, sino de cómo haces sentir a los demás. En un ambiente donde las emociones están bien gestionadas, los colaboradores son más productivos, se sienten más comprometidos y confían en que pueden acudir a ti para resolver cualquier problema.

A continuación, te comparto algunas técnicas que te ayudarán a desarrollar tu inteligencia emocional y a aplicar esta poderosa herramienta en tu liderazgo diario.

## Técnicas para desarrollar la inteligencia emocional como líder

### 1. Desarrolla tu autoconciencia

La autoconciencia es la habilidad de reconocer y comprender tus propias emociones. Dedica unos minutos cada día para analizar cómo te sientes y qué está detrás de esas emociones. ¿Te sientes frustrado, ansioso o desmotivado? Identificar y aceptar tus emociones es el primer paso para manejarlas de manera efectiva. Cuando eres consciente de tus propias emociones, te vuelves menos reactivo y más intencional en tu comportamiento, lo que permite que tomes decisiones con claridad y serenidad.

## 2. Aprende a controlar tus impulsos

Como líder, es natural que te enfrentes a momentos de tensión. Sin embargo, la clave está en no reaccionar impulsivamente. Si te encuentras en una situación estresante, respira profundamente y date unos segundos para calmarte antes de responder. Esto te dará el tiempo necesario para pensar en una respuesta adecuada y evitará que te dejes llevar por la frustración. Recuerda que cada reacción impulsiva puede tener un efecto negativo en tu equipo y en la percepción que tienen de ti como líder.

## 3. Desarrolla la empatía

La empatía es la capacidad de entender las emociones y perspectivas de los demás. En el liderazgo, esto significa escuchar activamente a tu equipo y tratar de ver las situaciones desde su punto de vista. Cuando un miembro de tu equipo enfrenta dificultades, demuéstrale que estás ahí para apoyarlo y que comprendes sus preocupaciones. La empatía crea un vínculo de confianza y le demuestra a tu equipo que no solo te importa el trabajo que hacen, sino también su bienestar personal.

## 4. Fomenta una comunicación abierta y honesta

La comunicación es el puente que conecta a un líder con su equipo. Fomenta un ambiente donde todos se sientan cómodos para expresar sus emociones y opiniones. Esto no significa que debas permitir un caos emocional, sino que les demuestres que estás dispuesto a escuchar y que valoras sus sentimientos. Comunicarte de manera abierta y honesta te permitirá resolver conflictos de manera más efectiva y fortalecerá el lazo que tienes con tus colaboradores.

## 5. Desarrolla la capacidad de manejar el estrés

El estrés es parte de cualquier negocio, pero la forma en que lo manejas define el impacto que tendrá en ti y en tu equipo. Encuentra maneras de reducir el estrés, como tomar pequeñas pausas, practicar técnicas de respiración o simplemente delegar tareas cuando sea necesario. Al manejar tu estrés de manera efectiva, serás un ejemplo para tu equipo, mostrándoles que incluso en situaciones difíciles, es posible mantener la calma y actuar con claridad.

## 6. Acepta la crítica como una oportunidad de crecimiento

Un líder emocionalmente inteligente no solo sabe recibir elogios, sino también críticas. Acepta las observaciones constructivas y aprende de ellas. Esto no solo te ayudará a mejorar, sino que también fortalecerá la confianza de tu equipo, que sabrá que puede acercarse a ti sin temor a ser rechazado. Recuerda que la crítica, bien manejada, es una de las herramientas más poderosas para el crecimiento personal y profesional.

## El poder de la inteligencia emocional en el empoderamiento empresarial

Desarrollar la inteligencia emocional como líder no solo te ayuda a conectar mejor con tu equipo, sino que también te convierte en un ejemplo de resiliencia y fortaleza. Un líder emocionalmente inteligente es alguien en quien los demás pueden confiar, alguien que inspira a su equipo a dar lo mejor de sí mismos. Cuando lideras con empatía, autocontrol y comunicación efectiva, estás empoderando a tu equipo para que crezca y prospere junto a tu negocio.

En mis conferencias para empresas y empresarios, dedico tiempo a hablar sobre la importancia de la inteligencia emocional en el éxito empresarial. La experiencia me ha mostrado que aquellos líderes que desarrollan esta habilidad tienen equipos más leales, productivos y motivados. Si quieres llevar tu liderazgo al siguiente nivel, te invito a descubrir el poder de la inteligencia emocional en mis programas de mentoría personalizada. En estos encuentros, profundizamos en herramientas y técnicas que te permitirán fortalecer tu liderazgo y construir relaciones significativas dentro de tu empresa.

## Reflexión final

A lo largo de este libro, te he compartido las estrategias que me han permitido liderar de una manera efectiva y empoderadora. Estas son herramientas prácticas y poderosas que puedes aplicar en tu día a día para mejorar no solo tu negocio, sino también tu vida. No se trata de aplicar una sola estrategia; es la combinación de todas estas técnicas la que te permitirá alcanzar tus metas y construir un liderazgo sólido y respetado.

El camino del liderazgo no tiene fin; siempre habrá algo más que aprender y mejorar. Espero que cada una de estas estrategias te haya inspirado a ver el liderazgo desde una nueva perspectiva y que encuentres en ellas la motivación para seguir adelante. Pero antes de concluir, quiero invitarte a hacer una última reflexión.

Al final, el verdadero liderazgo no se trata solo de alcanzar metas; se trata de quién te conviertes en el proceso. Y como líder, el desafío más grande que enfrentarás será seguir creciendo, seguir aprendiendo y seguir adaptándote. La próxima página será un paso más en este camino. Así que toma un momento, respira profundamente y vayamos al último capítulo de "Más allá de la meta"...

# CAPÍTULO 14

# EL CAMINO A LA EXCELENCIA: NO ES EL FINAL, ES EL COMIENZO

## Las historias que nos definen

Mientras caminamos por la vida, hay momentos que nos sacuden hasta los cimientos, momentos en los que sentimos que el mundo entero está en nuestra contra. Esos días oscuros, en los que parece que no hay salida, son los que más nos transforman. No es fácil reconocerlo en el momento, pero te prometo algo: esos momentos te están preparando para ser más fuerte, para crecer, para convertirte en la persona que estás destinado a ser.

Quiero que pienses por un momento: ¿cuál ha sido el momento más difícil que has enfrentado? Ese día en que sentiste que todo estaba perdido, donde parecía que el peso del mundo te aplastaba. Quizás fue la pérdida de algo importante, un fracaso en algo que intentaste con todas tus fuerzas, o un día en el que simplemente no podías seguir adelante. Ahora, reflexiona sobre lo que ese momento te enseñó. ¿Qué lección te dejó?

Cuando era niño, hubo días en los que el hambre era tan intensa que no podía pensar en otra cosa. Me sentía frío, cansado y solo. Pero esos días no definieron quién soy hoy. Fueron solo parte del proceso, un paso en el camino que me llevó a ser más fuerte y más resiliente. Lo que realmente me definió fue la decisión que tomé en esos momentos: no rendirme. Seguir adelante, un paso a la vez, incluso cuando parecía que no tenía fuerzas para levantarme.

Hay un libro que ilustra esta idea maravillosamente,

*De la Calle al Salón de Éxito* de Og Mandino. En él, el autor comparte cómo superar adversidades que parecen insuperables. La vida nos pone a prueba una y otra vez, pero lo que realmente importa no es cuántas veces caemos, sino nuestra determinación para levantarnos cada vez con más fuerza. Si algo he aprendido en este camino, es que no somos definidos por lo que nos ocurre, sino por la manera en que respondemos a ello.

La resiliencia no es un regalo con el que nacemos; es una habilidad que se desarrolla, un músculo que se fortalece con cada desafío superado. Se forma cada vez que elegimos intentarlo de nuevo, aunque estemos cansados, aunque tengamos miedo. Recuerdo que en uno de los peores momentos de mi vida me pregunté: "¿Por qué a mí?". Sentía que la vida era injusta, que no tenía sentido luchar. Pero luego comprendí que la vida no se trata de lo que me pasa, sino de lo que yo hago con lo que me pasa.

Por ejemplo, cuando tuve que dormir bajo un puesto de mercado, sintiendo el frío de la noche calándome los huesos, pude haberme rendido. Pero en vez de eso, decidí que no importaba lo difícil que fuera: encontraría la manera de salir adelante. Cada día, cada pequeño paso que daba, me enseñaba algo nuevo: cómo ser más fuerte, cómo tener más paciencia, cómo buscar soluciones en lugar de quedarme atrapado en el problema.

Si estás leyendo esto, probablemente hayas enfrentado momentos difíciles. Tal vez te hayas sentido solo, perdido o derrotado. Pero quiero decirte algo: esos momentos no son el final, son el comienzo de algo más grande. Piensa en ellos como los ladrillos que estás usando para construir tu propia historia. Cada desafío que enfrentas y cada prueba que superas te preparan para algo increíble.

Hay una frase en el libro de Mandino que nunca olvidaré: "Cada fracaso, cada rechazo, lleva consigo la semilla de un éxito equivalente o mayor". Esto significa que, incluso en nuestros peores días, hay algo bueno esperando al otro lado, algo que aún no podemos ver. Pero tienes que seguir adelante para encontrarlo.

Esos momentos oscuros que vivimos, esos días en los que sientes que no puedes más, son también los días en los que estás creciendo más de lo que te das cuenta. Son los días en los que desarrollas la fuerza, la resiliencia y el carácter que necesitarás para enfrentar los desafíos más grandes que están por venir. Esos momentos están construyendo al líder que estás destinado a ser.

Quiero que sepas algo: tu historia importa. Lo que has vivido y superado es lo que te hace único. Te da las herramientas para ayudar a otros y para inspirar a quienes están pasando por algo similar. Porque, al final del día, el verdadero liderazgo no se trata solo de alcanzar tus metas; se trata de cómo usas tu historia para hacer una diferencia en la vida de los demás.

Te invito a que pienses en tu propia historia. Escribe sobre los momentos más difíciles, aquellos que te han hecho llorar y sentir que no podías más. Luego, escribe lo que aprendiste de ellos y cómo te hicieron más fuerte. Te prometo que esas lecciones no son solo para ti; son para las personas a las que algún día inspirarás.

Hoy, mirando hacia atrás, puedo decirte que no cambiaría ninguno de esos días difíciles. Cada uno me enseñó algo valioso, algo que me preparó para ser quien soy hoy. Si estás dispuesto a ver tus desafíos de la misma manera, descubrirás que no hay límite para lo que puedes lograr.

Tu historia, con sus altibajos, es un testimonio de tu fuerza. Es una prueba de que, aunque la vida no siempre sea fácil, siempre hay una manera de seguir adelante. Al igual que yo encontré mi camino, tú también puedes encontrar el tuyo.

Porque al final, no se trata de lo que enfrentamos, sino de lo que hacemos con ello. Y ahora, te toca a ti decidir: ¿qué harás con tu historia? ¿Cómo usarás lo que has aprendido para construir un futuro más brillante, no solo para ti, sino para quienes te rodean? La respuesta está en tus manos.

## Transformar el fracaso en éxito

El fracaso es un maestro duro, ¿verdad? Es como ese maestro estricto que te hace sudar y te pone en situaciones difíciles, pero al final te deja lecciones que nunca olvidas. Piensa en cada error que has cometido, en cada tropiezo y en cada caída que has tenido en la vida. ¿Recuerdas cómo te sentiste en esos momentos? Parecía que no había salida, que todo estaba perdido. Pero aquí estás. Esos momentos no te derrotaron; te prepararon.

Quiero contarte algo que todavía me estremece al recordarlo. Fue el día en que recibí una notificación fiscal que, de golpe, me dejó sin aliento. Era como si el suelo se abriera bajo mis pies y no hubiera manera de evitar la caída. Me sentí pequeño, asustado y completamente perdido. Por mi mente pasaban mil preguntas: "¿Qué hice mal? ¿Cómo llegué hasta aquí? ¿Qué voy a hacer ahora?". No sabía cómo enfrentar esa situación. Y aunque mi primera reacción fue querer esconderme, algo dentro de mí me dijo que debía afrontarla.

No fue fácil, para nada. Me llené de miedo, dudas y culpas. Pero en medio de ese caos, encontré algo: la fuerza para levantarme. No sé exactamente de dónde vino, pero estaba allí, como un pequeño fuego que se negaba a apagarse. Entonces, busqué ayuda. Reconocí que no podía hacerlo solo y que estaba bien pedir apoyo. Ese fue el primer paso para transformar lo que parecía el final en un nuevo comienzo.

El fracaso, como te dije, es un maestro. Cada caída tiene una lección escondida, como si fueran pequeños tesoros que solo puedes encontrar después de haber tropezado. Aprendí que el liderazgo no se trata de no cometer errores, sino de cómo te levantas después de cada uno. Aprendí que no se trata solo de llegar a la cima, sino de cómo enfrentas los momentos en los que parece que todo se derrumba.

Recuerda algo muy importante: tus cicatrices son tus medallas. Son marcas de batalla que te recuerdan que luchaste, que no te rendiste. No las escondas, porque son parte de tu historia. Son la prueba de que, aunque las cosas se pusieron difíciles, seguiste adelante.

Quiero que pienses en algo: ¿alguna vez has conocido a alguien que nunca haya fallado? Seguramente no. Porque las personas que logran cosas grandes han enfrentado grandes fracasos. Pero en lugar de dejarse vencer, utilizaron esos fracasos como escalones para llegar más alto.

Hay un libro que habla sobre esto y que siempre me inspira: *El vendedor más grande del mundo* de Og Mandino. En él, el autor nos recuerda que cada dificultad lleva consigo una oportunidad, pero está en nosotros decidir si la tomamos o no. Esa es la clave: no es el fracaso lo que te define, sino lo que haces con él. ¿Te quedas en el suelo o usas esa experiencia para levantarte más fuerte?

Cuando lideras, es importante recordar que tu equipo no necesita que seas perfecto. Nadie quiere un líder que nunca se equivoca, porque eso no es real. Lo que la gente necesita ver es a alguien auténtico, que haya fallado, caído, pero que se ha levantado una y otra vez. Ese tipo de líder no solo da órdenes; inspira. Cuando las personas ven que has superado tus propias batallas, comienzan a creer que ellos también pueden superar las suyas.

Recuerdo una conversación que tuve con un miembro de mi equipo después de haber superado una difícil situación fiscal. Me dijo algo que nunca olvidaré: "Jairo, cuando vi cómo enfrentaste ese problema y no te rendiste, me di cuenta de que yo también podía enfrentar los míos. Tu ejemplo me dio fuerza." En ese momento, comprendí que mi historia, con todos sus errores y caídas, tenía un propósito. No solo era mía; era una herramienta para inspirar y guiar a otros.

Así que te pregunto: ¿qué historia quieres contar con tu vida? Porque al final, eso es lo que somos: las historias que vivimos y compartimos. No tengas miedo de tus capítulos oscuros. Esos momentos son los que hacen que tu historia sea interesante, auténtica y, lo más importante, inspiradora.

Imagina esto: un día, alguien se acercará a ti y te dirá que tu ejemplo, tus caídas y cómo te levantaste, les ayudaron a seguir adelante. Ese será el momento en que te des cuenta de que el fracaso no solo te hizo más fuerte, sino que también te dio el poder de cambiar vidas.

Así que, la próxima vez que enfrentes un problema, un error o un fracaso, recuerda esto: no estás solo. Cada caída es una oportunidad para aprender, crecer y convertirte en una mejor versión de ti mismo. Y algún día, esas cicatrices que ahora te duelen serán las que otros miren y dirán: "Si él pudo, yo también puedo."

Transformar el fracaso en éxito no es algo que sucede de la noche a la mañana. Es un proceso, una decisión que tomas cada día, con cada paso y cada desafío que enfrentas. Y aunque el camino pueda ser difícil, te aseguro que tiene su recompensa. Porque al final, no solo estarás más fuerte y más sabio, sino que también estarás listo para inspirar a otros a hacer lo mismo.

Así que adelante, amigo. Usa tus tropiezos como escalones, tus caídas como lecciones y tus cicatrices como recordatorios de todo lo que has superado. Porque el éxito no es un destino; es el resultado de nunca rendirte, de aprender de cada error y de seguir adelante, sin importar cuántas veces caigas. Y esa, amigo mío, es la verdadera esencia del liderazgo.

## El comienzo de algo más grande

Lo que has leído hasta ahora no es el final de la historia, sino solo el comienzo de algo mucho más grande, algo que aún está por escribirse. Todo lo que has aprendido en este libro —estrategias, lecciones e historias— son herramientas. Sin embargo, como cualquier herramienta, lo importante no es solo tenerlas, sino saber cómo usarlas. La verdadera magia no reside en estas páginas, sino en lo que harás con ellas.

Imagina que tienes un mapa del tesoro. Este libro es ese mapa. Pero el oro no aparecerá por arte de magia solo porque lo tengas en tus manos. Debes caminar, enfrentar los retos del camino, buscar en los lugares indicados y, sobre todo, no rendirte. El camino hacia la excelencia no es un destino, sino un proceso continuo. Cada día, cada decisión y cada pequeño paso que des hacia adelante es una victoria. Incluso cuando tropieces, recuerda que cada caída también forma parte del proceso.

A veces, la vida nos hace creer que el éxito es una línea recta, pero en realidad es un camino lleno de curvas, subidas y bajadas. Y está bien, porque en esas curvas es donde aprendemos, en las subidas es donde nos fortalecemos y en las bajadas es donde encontramos el descanso para seguir adelante.

No hay éxito sin propósito. Puedes construir negocios, ganar dinero y alcanzar metas, pero si no sabes por qué lo haces, todo se siente vacío. Liderar con el corazón significa encontrar ese propósito que te mueve, ese "por qué" que te da fuerza incluso en los días más difíciles.

Quiero que pienses en algo: ¿cuál es tu propósito? No me refiero solo a tus metas o sueños, sino a ese motivo profundo que te impulsa a levantarte cada mañana. Para mí, ese propósito siempre ha sido mi familia, mi hija y la gente que me rodea. Saber que lo que hago puede marcar una diferencia en sus vidas me da más energía que cualquier otra cosa. Pero para ti, ese propósito puede ser diferente. Encuéntralo y agárrate fuerte de él, porque será tu motor en los momentos en que sientas que ya no puedes más.

*Más Allá de la Meta* no es solo un libro; es una puerta abierta hacia nuevas posibilidades. Pero las verdaderas transformaciones suceden cuando tomas acción. Puedes quedarte con las palabras que has leído y dejarlas en estas páginas, o puedes llevarlas contigo y usarlas para construir algo extraordinario.

Quizás te preguntes: "¿Por dónde empiezo?" Empieza donde estás, con lo que tienes y lo que sabes ahora. No necesitas tener todo resuelto ni el plan perfecto. Solo da el primer paso. Puede ser tan sencillo como implementar una estrategia que aprendiste aquí, hacer una llamada que has estado posponiendo o empezar a creer que eres capaz de más.

Visualiza a dónde quieres llegar y trabaja cada día para acercarte a ese lugar. No esperes a que todo sea perfecto para comenzar. El momento perfecto no existe; lo que existe es la decisión de empezar ahora.

El liderazgo no se trata solo de dirigir a otros, sino de dirigir tu propia vida primero. Se trata de mirar hacia dentro y ser honesto contigo mismo sobre lo que quieres, lo que temes y lo que estás dispuesto a hacer para alcanzar tus sueños. Y sí, hablo de sueños, porque todo lo grande comienza con uno. Pero los sueños no sirven de nada si no los conviertes en acción.

## El final de un capítulo, el comienzo de una nueva historia

Al llegar aquí, es posible que experimentes una mezcla de emoción y temor por estar frente al momento de la verdad: salir y aplicar todo lo aprendido. Es normal. Todos hemos estado en esa situación. Recuerda que tus errores no te definen.

Lo que realmente cuenta es cómo te levantas, cómo sigues adelante y qué decides hacer con lo que has aprendido.

Este libro no es solo un manual de estrategias; es un recordatorio de que es posible avanzar. Es una invitación a reconocer al líder que llevas dentro. Cada página que has leído tiene un propósito: inspirarte a dar el primer paso hacia el futuro que mereces.

Si en algún momento sientes que el peso es demasiado, recuerda que no estás solo. A lo largo de mi trayectoria, he descubierto que una de las mayores satisfacciones es caminar junto a otros, verlos crecer y superar sus límites. Mi intención es compartir contigo las herramientas que me ayudaron a convertir fracasos en victorias.

Quiero que cierres los ojos e imagines un día en que alguien se acerque a ti con gratitud y te diga:

"Gracias a tu ejemplo, me atreví a intentarlo". Ese momento reflejará todo lo que lograste superar.

Amigo mío, esto no es el final. Es el comienzo de algo mucho más grande. Ahora tienes lo que necesitas: el conocimiento, las herramientas y, sobre todo, el deseo de ir más allá. Usa estas estrategias como el combustible que te impulse hacia tu propia meta.

La verdadera grandeza no reside en alcanzar una meta; está en quién te conviertes durante el proceso. En ese camino descubrirás tu fuerza, tu propósito y tu capacidad de inspirar a otros.

Concluye estas páginas con la determinación de comenzar un capítulo nuevo y emocionante en tu propia vida. Lo que viene puede parecer desafiante, pero también está lleno de posibilidades. No importa cuán incierto parezca el futuro, no estás caminando solo. Estoy aquí para apoyarte y ayudarte a construir el futuro que deseas.

La pregunta es: ¿qué harás con lo que has aprendido? ¿Cómo escribirás el próximo capítulo de tu historia? Ese capítulo no está en estas páginas. Está esperando ser escrito por ti, con tus acciones, decisiones y sueños.

A continuación, te presento la conclusión de *Más allá de la meta*. Exploraré cómo convertir estas palabras en acciones y estas lecciones en resultados. Lo que sigue puede ser el capítulo más importante de tu vida. ¿Estás listo para escribirlo? Adelante. Lo mejor está a punto de comenzar…

Desde las primeras páginas, te prometí que este libro sería más que palabras en papel. Te prometí un camino, una guía para transformar tu negocio y tu vida a través del liderazgo. Ahora que hemos llegado juntos al final de esta experiencia, quiero detenerme un momento para preguntarte algo importante: ¿Qué harás con lo que has aprendido?

Sé que el camino no ha sido fácil. Todos hemos sentido el peso de los problemas, esas noches sin dormir cuestionándonos si tomamos las decisiones correctas, si realmente estamos hechos para esto. Yo he estado ahí. He sentido el miedo y la incertidumbre, pero también he aprendido que esos momentos no son el final; son el principio. Cada caída nos brinda la oportunidad de levantarnos más fuertes.

En *Más allá de la meta* comparto contigo no solo estrategias, sino también historias reales y momentos de mi vida que marcaron mi camino. No porque mi historia sea especial, sino porque quiero que veas que lo que he logrado, tú también puedes lograrlo. Este libro no trata solo de técnicas o ideas abstractas; se trata de tomar esas lecciones y aplicarlas a tu propia vida, en tu propio camino, para construir algo que realmente valga la pena.

## El poder de las lecciones aprendidas

Hagamos un repaso rápido. Cada capítulo de este libro te ofreció una herramienta para liderar con propósito:

1. **Más allá del dinero.** El motor de un negocio exitoso es el propósito, no la ganancia inmediata. Es lo que da sentido a tus esfuerzos y construye algo que perdura.
2. **Libertad financiera.** Diseñar un sistema que funcione sin ti es clave para equilibrar tu vida personal y profesional.
3. **Lecciones de los obstáculos.** Cada reto trae consigo una oportunidad para crecer, aprender y fortalecerte.
4. **Escuchar para liderar.** La conexión con tu equipo empieza cuando escuchas genuinamente, creando relaciones de confianza y empatía.

5. **La gestión como base.** Manejar tus recursos con sabiduría fortalece tu capacidad de liderar y enfrentar lo que venga.

6. **Aprender constantemente.** Un líder nunca deja de aprender, porque el cambio es inevitable, pero el crecimiento es una decisión.

7. **Adaptarse para sobrevivir.** La resiliencia y la flexibilidad son las claves para navegar cualquier crisis.

8. **Disciplina y constancia.** Los grandes resultados vienen de pequeños pasos consistentes cada día.

9. **Inteligencia emocional.** Liderar tus emociones te permite tomar mejores decisiones y conectar de manera auténtica con quienes te rodean.

Estas lecciones no son solo conceptos; son una invitación a tomar acción, a construir la vida y el negocio que siempre soñaste.

## Un futuro en tus manos

Ahora, quiero que cierres los ojos un momento. Imagina cómo sería tu vida si implementaras cada una de estas ideas. Piensa en la tranquilidad de tomar decisiones con confianza, en la alegría de ver a tu equipo prosperar bajo tu liderazgo y en el orgullo de construir algo que impacte no solo a tu negocio, sino también a las vidas de quienes te rodean.

No se trata de magia ni de suerte. Se trata de actuar con intención, de comprometerte contigo mismo, con tu visión y con las personas que dependen de ti. Este libro fue solo el primer paso. Ahora es tu turno de aplicar lo que aprendiste y ponerlo en práctica.

Sé que puede ser intimidante. El cambio siempre lo es. Pero quiero que recuerdes algo: no estás solo. Estoy aquí, listo para acompañarte en este camino. Ya sea a través de mis conferencias, mis sesiones de coaching o simplemente un mensaje para compartir lo que más te impactó de este libro, quiero ser parte de tu historia, así como tú has sido parte de la mía.

## Un llamado a la acción

No permitas que este libro sea solo otro título en tu estante. Haz que cobre vida en cada decisión que tomes y en cada paso que des hacia adelante. Comienza hoy, con algo pequeño pero significativo. Quizás sea replantear tu propósito, ajustar una estrategia en tu negocio o simplemente sentarte con tu equipo y escuchar lo que tienen que decir.

El liderazgo no es un destino; es un camino que exige crecimiento constante y aprendizaje en cada paso que das. Y quiero que sepas que ser líder no es el final, es el comienzo de algo más grande. El siguiente capítulo no está escrito en estas páginas; está esperando ser escrito por ti.

Así que levántate. Toma este conocimiento, estas historias y estas herramientas, y ve más allá de la meta. Porque el mundo necesita líderes como tú: personas comprometidas, valientes y dispuestas a marcar la diferencia.

## Un mensaje final

Gracias por acompañarme en estas páginas. Aprecio tu confianza al permitirme ser parte de tu camino. Ahora, es tu turno de dar el siguiente paso. Si en algún momento necesitas ayuda, una palabra de aliento o una guía más específica, aquí estoy.

Puedes contactarme directamente. Escríbeme, cuéntame tu historia y dime cómo puedo ayudarte. Esto no se trata solo de libros o negocios; se trata de construir algo significativo, algo que deje un legado.

Cierra este libro, pero abre el próximo capítulo de tu vida con la firme convicción de que puedes lograr lo que te propongas. No lo olvides: el mundo está esperando lo mejor de ti. ¿Estás listo?

JAIRO GARCÍA

**Contacto:**

**WhatsApp:** +52 971-125-5186

**E-mail:** jairo@soyjairogarcia.com

¡Bienvenido al grupo de los líderes transformadores! Ahora solo falta que tomes acción. ¡Hazlo hoy!

## AGRADECIMIENTOS

No quiero mencionar nombres porque sería una lista interminable, pero mi primer agradecimiento es para Dios. Soy una persona que cree profundamente en Dios y le tiene temor. He intentado siempre hacer bien las cosas, y creo que han salido como lo he planeado y buscado gracias a Él.

Mi segundo agradecimiento es para mi familia y para todas las personas que creyeron en mí.

También para quienes trabajan ocho, diez o hasta catorce horas diarias, sacando adelante el trabajo y la empresa, entregando los resultados que los clientes nos exigen. A esas quinientas personas de manera directa y a más de mil de manera indirecta, quiero darles las gracias porque aprendo todos los días un poco de cada uno y porque juntos, somos un gran equipo.

# ACERCA DEL AUTOR

Jairo *Jg* garcía

DR. JAIRO GARCÍA es coach, conferencista, empresario y autor best seller, exitoso empresario propietario de diversas compañías con una plantilla de más de 500 colaboradores a nivel nacional. Creador de TI Clean, VitaLimp, TI FIT, entre otros negocios personales que brindan empleo a diversas familias mexicanas, el cual es uno de los objetivos prioritarios del autor.

Además, es director de negocios desde el año 2007 y creador de tres marcas registradas. Cuenta con una licenciatura, una ingeniería, 7 maestrías, 2 doctorados y varios diplomados y certificaciones.

Desde el 2005 se ha especializado en tecnologías de información, la cual es la profesión que le apasiona.

García vive en Oaxaca, México, le gusta ejercitarse y correr maratones, leer mucho y tomar café con sus amigos.

Puedes conocer más sobre Jairo y su trabajo en:

www.SoyJairoGarcía.com

# ¡FELICIDADES POR LLEGAR HASTA AQUÍ!

Querido lector,

Este libro lo escribí con la intención de ayudarte a romper límites, a ver más allá de la meta y a transformar tu visión en acción. Espero que cada página te haya dejado algo valioso, algo que puedas aplicar en tu vida y en tu camino como líder.

Ahora quiero pedirte algo importante. Si este libro te inspiró, te ayudó a ver las cosas de una manera diferente o te dio una herramienta que necesitabas, **compártelo con el mundo.**

**Dos cosas que te agradecería muchísimo:**

1. **Comparte cómo este libro impactó tu vida.** ¿Qué aprendiste? ¿Qué cambio hiciste? Tu experiencia puede motivar a otros.
2. **Deja un comentario en Amazon.** No solo me ayudarás a seguir compartiendo este mensaje, sino que también estarás guiando a otros que buscan un libro que realmente les aporte valor.

Solo escanea el QR y deja tu reseña en Amazon.

QR:

¡Gracias!

Jairo García

# AGENDA UNA CITA

**¿Listo para ir más allá de la meta y liderar con éxito?**

**Es momento de tomar acción y llevar tu liderazgo y negocio al siguiente nivel.**

**Agenda una sesión y descubre las estrategias prácticas que te ayudarán a tener resultados concretos.**

**¡El siguiente paso está en tus manos!**

Reserva Una Sesión Hoy

## ESCANEAR AQUÍ

Haz del propósito, tu poder.

Dr. **Jairo García**

**Estratega Empresarial**

# CONFERENCIA

# TRANSFORMACIÓN EMPRESARIAL

Descubre cómo convertirte en un líder transformador capaz de impulsar tu empresa, fortalecer a tu equipo y llevar tu visión más allá de la meta.

**En esta conferencia aprenderás a:**

- Construir equipos de alto rendimiento
- Adaptarte a los cambios con resiliencia
- Desarrollar el autoliderazgo
- Aplicar estrategias prácticas
- Inspirar y guiar con propósito
- Y mucho más...

## LLEVA ESTA CONFERENCIA A TU CIUDAD

**Dr. Jairo garcía**

**+52 971-125-5186**

COACHING DE NEGOCIOS
Ayudo a emprendedores a convertir sus ideas en resultados concretos
Beneficios
• Diseña un plan claro
• Inspira y motiva a tu equipo
• Obtén herramientas prácticas
• Desarrolla un liderazgo efectivo
• Toma decisiones con confianza
• Descubre cómo resolver tus retos
• Y mucho más...
Contáctame HOY mismo
+52 971-125-5186
Jairo garcía
Coaching estratégico, presencial o virtual

# Sígueme En Mis Redes Sociales

 FACEBOOK

 INSTAGRAM

 YOUTUBE

ESCANEA LOS CÓDIGOS CON TU CELULAR

www.ingramcontent.com/pod-product-compliance
Lightning Source LLC
LaVergne TN
LVHW051228080426
835513LV00016B/1463